LA
Parole et l'Épée

L. Le Leu

Établissements CASTERMAN
ÉDITEURS PONTIFICAUX

LA PAROLE ET L'ÉPÉE

N° 34 des Fastes de l'Eglise

Par trois fois, il jette le parchemin dans les flammes,
et par trois fois, les flammes le respectent. (P. 5o.)

LA PAROLE

ET L'ÉPÉE

PAR

L. Le Leu

ÉTABLISSEMENTS CASTERMAN
Société Anonyme
PARIS, Rue Bonaparte, 66 — TOURNAI (Belgique)

SOMMAIRE HISTORIQUE DU VOLUME.

Origines des Albigeois. — Anathèmes de l'Eglise contre leurs doctrines à diverses
époques. — Saint Bernard prêche contre eux à Toulouse et à Albi. — Il confirme
sa mission par des miracles. — Le manichéisme est la racine des erreurs albigeoises.
— Une croisade est résolue contre eux. — Intervention de saint Dominique. —
Intervention du pape Innocent III. — Conciles de Montpellier, d'Arles, de Lavaur,
de Toulouse, de Béziers; IVᵉ concile de Latran, contre les erreurs albigeoises. —
La guerre contre les hérétiques, et ses différents héros. — Des martyrs. —
L'hérésie est noyée dans le sang. — Débuts de l'Inquisition. De l'an 1115 à 1245.

IMPRIMATUR

Tornaci, die 12 Martii 1913.

V. CANTINEAU, can. cens. lib.

AVANT-PROPOS

La guerre qui naît de la division et d'où sort la mort, est le pire des maux qui affligent l'humanité; fils d'un même Père qui est Dieu, les guerriers, en luttant les uns contre les autres et en se détruisant mutuellement, détruisent la gloire de Dieu, révélée dans la forme humaine, conçue et faite à l'image de l'Eternel.

L'homme ne devrait pas avoir d'ennemis parmi ses frères; sa vie devrait être consacrée à lutter contre ceux qui sont les ennemis de sa nature et que la religion nous désigne comme acharnés sans cesse à sa perte temporelle et éternelle, les démons contre lesquels l'Eglise a tant d'exorcismes, de vigilances et de prières.

Et dans cette lutte véritable, engagée depuis le commencement du monde, ils devraient se souvenir de la recommandation expresse du Seigneur Jésus : « Aimez-vous les uns les autres; soyez tous frères pour être l'unité et l'unité en moi et en mon Père, comme mon Père et moi sommes en unité avec ceux qui nous aiment. » Car l'union étroite de tous les hommes dans l'unité du Christ Homme-Dieu et Réparateur de la nature humaine, est l'arme véritable des seuls guerriers de la vraie et unique guerre raisonnable, la guerre de Dieu et de l'Homme contre les puissances des ténèbres.

Mais, si la guerre des intérêts et de la politique est un grand mal, combien plus grand est le mal de la guerre religieuse, qui entraîne tant d'excès, que la face ensanglantée de l'histoire se voile de tristesse pour les raconter.

Dans la guerre religieuse, en effet, ce n'est plus seulement l'homme qui est divisé contre lui-même, mais il semble que la lutte et la division s'élèvent jusque dans la gloire essentiellement une et parfaite de la Divinité même.

Saint Paul, le grand Apôtre, le voyant sublime, du haut des purs sommets de son apostolat, baignés par les splendeurs de la lumière sacrée, avait prévu et désigné ces maux et, déjà, de son temps, il disait à ses fils spirituels, à ceux que son amour pour Jésus-Christ appelait des ténèbres à la lumière, ces paroles remarquables :

« Dieu, notre Dieu, est de paix et non de trouble; et c'est ce que j'enseigne avant tout dans toutes les assemblées des saints.[1] »

« Encore qu'il y en ait qui soient appelés dieux, soit dans le ciel, soit sur la terre, et qu'ainsi il y ait plusieurs Dieux et Seigneurs, néanmoins, il n'y a pour nous qu'un seul Dieu, qui est le Père, duquel toutes choses tirent leur être et qui nous a faits pour lui, et un seul Seigneur, Jésus-Christ, par lequel toutes choses ont été faites et par qui nous existons.[2] »

« Eh quoi! il y a parmi vous des luttes; l'un dit : Je suis de Paul; l'autre : d'Apollo. Qui donc est Paul? qui est Apollo? sinon des ministres de Celui en qui vous avez cru

(1) I Corinth., xiv, 33.
(2) *Ibid.*, viii, 5-6.

chacun selon ses forces et la grâce qu'il a reçue. J'ai planté,
Apollo a arrosé, mais Dieu seul a fait croître. Car tout est à
vous, soit Paul, soit Apollo, soit Pierre, soit le monde, soit
la vie, soit la mort, soit le présent, soit le futur, tout est à
vous, et vous, vous êtes de Jésus-Christ qui, lui-même est
de Dieu.[1] »

Et ailleurs :

« Pourquoi vous disputez-vous? Pourquoi chacun de
vous prend-il parti en disant : Pour moi, je suis à Paul ; et
moi je suis à Apollo ; et moi je suis à Céphas ; et moi je suis
à Jésus-Christ. Quoi donc? Jésus-Christ est-il divisé? Est-ce
Paul qui a été crucifié pour vous? ou avez-vous été baptisés
au nom de Paul?

» Je vous en conjure, mes frères, par le nom de Jésus-
Christ, notre Seigneur, ayez tous un même langage et ne
souffrez parmi vous ni divisions ni schismes, mais
soyez tous unis ensemble dans un même esprit et dans un
même sentiment. Car Jésus-Christ est la force de Dieu et la
sagesse de Dieu dans l'unité et également pour tous, qu'ils
soient juifs ou gentils.[2] »

Mais la nature humaine déchue est-elle capable d'entendre les paroles d'une telle sagesse dans leur sens véritable?

Saint Paul sait bien que non. « Hélas! dit-il, tous n'ont
pas la science. » Et c'est pourquoi il en appelle, du moins,
au sentiment et à la foi de ceux qui l'écoutent.

Pour nous, qui écrivons ces lignes, notre tâche est
lourde, car il faut que nous sachions regarder l'histoire en
face et que nous prenions garde de la regarder et de l'ensei-

----

(1) *Ibid.*, III, *passim.*
(2) 1 Corinth., I, *passim.*

gner plutôt dans ses leçons morales que dans ses faits bru-
taux et surtout avec l'esprit de Jésus-Christ qui est de paix,
d'amour et de justice. Malheur à nous, si nous oublions un
seul instant qu'on ne sert pas Dieu en pactisant avec l'esprit
de ténèbres et de mensonge.

Nous ne pouvons oublier, d'ailleurs, cette vérité, car,
outre que dans notre cœur est gravée la vérité de la Croix,
de l'Eglise même et de son sommet le plus élevé descendent
sans cesse les paroles de la justice :

« Dieu n'a pas besoin de nos mensonges, est-il écrit au
livre de Job.[1] L'historien de l'Eglise sera d'autant plus fort
pour faire ressortir son origine céleste, supérieure à tout
ordre purement terrestre et naturel, qu'il aura été plus loyal
à ne rien dissimuler des épreuves que les fautes de ses
enfants, et parfois même de ses ministres, ont fait subir à
cette Epouse du Christ dans le cours des siècles. Etudiée de
cette façon, l'histoire de l'Eglise, à elle toute seule, constitue
une magnifique et concluante démonstration de la vérité et
de la divinité du Christianisme.[2] »

Ainsi parle l'immortel pontife Léon XIII à ceux qui
comprennent avec lui que si jamais un temps eut besoin de
vérité en histoire et par conséquent en morale et en religion,
c'est le nôtre. Car la vérité morale et religieuse est nécessaire
à tous, aux jeunes gens comme aux vieillards. Heureux
celui qui ne se trompe pas, mais plus heureux encore,
puisqu'au témoignage même du Seigneur Jésus, le Ciel se
réjouit davantage du repentir que de l'innocence, plus heu-

(1) Job, XIII, 7.

(2) Encyclique du pape Léon XIII aux archevêques et évêques et au clergé de
France, 1899.

reux celui qui sait dire à Dieu avec cette sincérité humble qui caractérise les enfants de sa Lumière : Père, voyez, je m'étais trompé, je reviens à votre amour qui est la seule vérité.

Or, l'Eglise ne se trompe pas, nous ne saurions l'oublier ni le laisser oublier.

Ce sont les hommes qui se trompent, ce sont eux qui s'égarent, mais, toujours, du chaos de leurs égarements, des ténèbres de leurs champs de bataille, s'élève, à l'heure où les âmes se reprennent, la pure blancheur dont il est écrit :

« Quelle est celle qui s'élève du désert comme une aurore de clarté, comme une synthèse de parfums? [1] »

C'est l'Eglise, l'Epouse immaculée qui ne fait qu'un avec le Christ, et dont rien ne peut souiller la virginité éternelle.

Mais l'Eglise est mêlée aux luttes des temps et des hommes, et il n'est pas étonnant que les temps et les hommes passent et s'agitent devant sa face immaculée, comme des voiles de passions.

C'est sous ces voiles, souvent sanglants, que nous devons vénérer l'Eglise et sa divinité dans ce fait qu'elle subsiste malgré les tempêtes et brille quand même, à l'instar du soleil, quand le vent a balayé les brouillards.

On verra dans ce livre par quelles épreuves l'Eglise a passé lors de sa lutte au temps de l'Albigeois.

Dans ces combats atroces, ce qui est de l'Eglise est pur comme elle, ce qui est des hommes, Dieu le jugera, et puisse sa justice ne pas étouffer la voix de sa miséricorde.

Ce qui est certain, c'est qu'il fallait écraser une hydre gigantesque qui menaçait d'engloutir le soleil de la Révéla-

(1) Cant. des Cant.

tion et de faire tomber le monde chrétien dans des ténèbres d'où peut-être il ne serait pas sorti.

Voilà pourquoi contre les Albigeois et leurs monstrueuses erreurs, Dieu a suscité de grands saints : saint Bernard et saint Dominique, dont les efforts n'ont pu, à eux seuls, triompher pacifiquement du monstre, et c'est alors qu'intervint un autre facteur : la violence, qui apparaît quand l'amour est impuissant.

Car le sort du mal est d'être absorbé dans le bien par les armes saintes de la charité et de la justice ou de se détruire lui-même quand la voix de la charité et de la justice ne peut plus être entendue de ceux qui se sont éloignés de toute lumière véritable.

Les excès que réprouvent l'histoire et la conscience chrétienne n'incombent pas à l'Eglise en ces luttes tragiques ; l'Eglise ne saurait commettre d'excès, car elle est la sagesse du Christ, qui est amour.

Les hommes seuls sont responsables en tout et pour tout ; voilà ce que doivent bien savoir les générations auxquelles on montre trop souvent dans des appréciations impies, le principe pur de l'Eglise comme un odieux agent de guerre et de persécution.

L'homme se trompe, l'Eglise est infaillible.

LA
Parole et l'Épée

PREMIÈRE PARTIE

I

Le jour tombait et ouatait d'ombres, dans sa chute lente, les coins de la grande salle des audiences pontificales, au palais de Latran.

Entouré des cardinaux aux vêtements de pourpre semblables à des flaques vivantes de sang frais, le pape Innocent III, assis sur son trône comme un fantôme blanc, levait la main et bénissait.

A ses pieds, un évêque prosterné courbait la tête ; c'était l'évêque espagnol Diego Azebedo d'Osma, accompagné de son fidèle disciple, Dominique de Guzman.

— Allez, vénérable frère, lui dit le pontife, allez, soyez apôtre, mais restez évêque ; c'est l'ordre que nous vous donnons au nom du Seigneur.

L'évêque baisa l'anneau du pontife, son compagnon baisa humblement ses pieds, et tous deux, s'étant levés, sortirent de la salle et du palais apostolique.

Diego avait fait un rêve généreux.

Voyant les maux innombrables qui allaient se déchaîner dans le peuple chrétien d'Italie, d'Espagne et des provinces méridionales de la France, par le fait des hérétiques dont les doctrines et les excès faisaient des progrès effrayants, voyant l'inutilité presque complète des efforts qui déjà avaient été faits pour les ramener dans la vérité, il avait résolu d'abdiquer entre les mains du pape sa charge épiscopale, de revêtir la bure des apôtres pèlerins et d'aller, lui aussi, porter la lumière dans ces ténèbres affreuses et contribuer au salut de la chrétienté même au prix de son sang, si cela était nécessaire.

Mais le pape, tout en acceptant son offre généreuse et apostolique, n'avait pas voulu recevoir sa démission d'évêque.

Il lui permettait seulement d'aller joindre ses efforts à ceux des enfants de saint Bernard et de ses trois légats, Arnaud, abbé de Citeaux, et Pierre de Castelnau et Raoul, ses deux disciples, au cœur même de l'hérésie, dans les régions de Toulouse et d'Albi.

L'évêque Diego d'Osma et son disciple Dominique, se mirent en route et quittèrent Rome sans tarder, pressés d'arriver au but de leur voyage.

Le compagnon de Diego n'était pas le premier venu. Dès sa naissance il avait été marqué d'un sceau de prédestination.

Sa mère, la pieuse Jeanne d'Aza, avait, lorsqu'elle le portait encore dans son sein, eu un songe dans lequel l'enfant qui allait naître lui était montré sous la figure d'un chien portant un flambeau.

L'histoire, incertaine, ne peut nommer les aïeux de Dominique, que ses frères futurs dans l'apostolat croiront, néanmoins, être issu de l'illustre maison des Guzman, à laquelle appartiennent les ducs de Medina-Sidonia.

Mais qu'importent les aïeux à ceux qui ont une mission supérieure sur la terre?

De bonne heure, l'enfant avait reçu l'éducation la plus

chrétienne. A quatorze ans, élève distingué de l'université de
Palentia, la future université célèbre de Salamanque, il était
déjà réputé pour un sage et un savant.

Il avait surtout une âme de feu qui ne rêvait qu'apostolat
et sacrifice, et la méditation fréquente était sa principale
occupation.

A vingt-huit ans, chanoine du chapitre d'Osma, il gagnait
l'affection de l'évêque qui, appelé en France par une importante mission[1] que lui avait confiée le roi de Castille
Alphonse IX, résolut de l'emmener avec lui et de profiter de
ce voyage pour devenir un apôtre des Albigeois, dont les
erreurs et les excès attiraient toute l'attention inquiète du
monde catholique et du pape Innocent III.

Dominique marchait ainsi vers sa véritable vocation, qui
était l'institution de l'ordre des Frères-Prêcheurs.

Après avoir fait diligence, les deux apôtres espagnols
arrivaient à Montpellier[2] avec leur suite et leurs bagages.

Les faubourgs de la ville étaient en rumeur, et la foule
houleuse les parcourait en proférant des vociférations et des
blasphèmes contre le catholicisme et le clergé.

Diego s'arrêta, et, s'adressant à l'un de ceux qui criaient
le plus fort :

— Mon ami, je vous prie, de quoi s'agit-il et quelles sont
les causes d'une telle agitation?

— Eh ! d'où venez-vous pour l'ignorer? répondit l'autre.
Sachez que le moment est arrivé où la face de la terre va être
renouvelée. Il faut qu'elle soit purifiée de tous les parasites
qui l'infestent et la rongent, moines, clercs, évêques, et tout
le reste de cette armée de l'antéchrist qui est le pape, dans
Babylone qui est Rome !

(1) Il s'agissait de négocier le mariage du prince héritier Ferdinand avec la fille
du comte de La Marche.

(2) En l'an 1205.

— Mon frère, répondit l'évêque Diego Azebedo, calmez votre colère, si juste et si légitime qu'elle puisse vous paraître, car vous n'ignorez pas que la colère est mauvaise conseillère. Je viens de Rome et j'ai vu le très saint pape Innocent; je vous affirme qu'il n'est pas l'antéchrist et qu'il a grand souci du bonheur de tous les chrétiens. Il gémit de vous voir vous écarter de la vérité de l'Evangile, car, sans les principes de la foi chrétienne, les plus grands maux fondraient sur le monde, et vous-mêmes deviendriez infiniment plus malheureux que vous l'êtes ou croyez l'être à présent.

« Voilà pourquoi le très saint pape, plein de zèle pour votre salut, vous envoie des missionnaires afin que vos intelligences et vos cœurs soient éclairés sur la vérité, et que vous reconnaissiez la nécessité de l'ordre dans la société et le grand mérite de l'obéissance aux lois établies par la hiérarchie qui tient son droit de Dieu.

— Ah! ah! vous aussi vous en êtes un, de ces sycophantes, de ces loups ravisseurs qui se disent pasteurs et feignent la douceur pour mieux dévorer les crédules agneaux! Vous avez beau prêcher des doctrines auxquelles vous ne croyez pas vous-mêmes; faites-moi évêque et donnez-moi des terres, des châteaux et des serfs, et je parlerai comme vous! hypocrites, commencez donc par suivre vos propres enseignements, que votre clergé les suive aussi et, après, vous reviendrez nous prêcher vos belles maximes; nous les suivrons peut-être!

— Mes amis, dit l'évêque Diego en se remettant en chemin, je vous supplie de vous calmer. Sachez que le très saint pape n'ignore pas vos griefs et que son intention est de réformer tout ce dont vous vous plaignez. Mais, de grâce, écoutez vos pasteurs, et, si vous avez à vous plaindre d'eux, au moins respectez la vérité de l'Evangile qu'ils vous annoncent, tout au moins, parce que c'est la vérité.

Mais la foule cria :

Le paysan attendait que de leurs lèvres tombassent des paroles de reproche
et de colère. (P. 32)

— A bas les papistes! nous n'en voulons plus! Nous avons des pasteurs et des évêques qui valent mieux que vous et c'est eux que nous écouterons désormais.

Toutefois, elle n'osa se porter à aucune brutalité contre l'évêque et son cortège, qui continuèrent leur route vers le centre de la ville.

— Voici l'abomination de la désolation, dit le pieux Diego Azebedo à son compagnon Dominique de Guzman qui n'avait pas ouvert la bouche, mais dont les yeux étaient pleins de larmes. Nul ne sait quelle sera la profondeur de cet abîme que creuse l'hérésie en haine de la vérité à laquelle nous tous, pécheurs que nous sommes, n'avons pas su sacrifier notre orgueil. Le mal est immense, et si le remède ne vient pas du ciel, qui peut dire où il s'arrêtera!

— Mourons pour la foi, dit Dominique, soyons des martyrs de la vérité, peut-être que Dieu agréera notre sacrifice et se servira de notre sang comme d'un baume généreux pour guérir ces plaies.

Comme ils arrivaient sur la grande place, un magnifique cortège d'hommes d'armes, en habits de parade, et de pages splendidement vêtus, sortait d'un hôtel au son des fanfares, se dirigeant vers la cathédrale.

Ils y conduisaient, en pompeux et théâtral appareil, les trois légats du pape Innocent III, dans lesquels il eut été difficile de reconnaître les humbles moines cisterciens, enfants de Saint Bernard qu'ils étaient hier.

C'était Arnaud, abbé de Citeaux, et ses deux compagnons Pierre de Castelnau et Raoul, récemment investis par le Souverain Pontife de la direction des prédications contre les Albigeois.

Diego Azebedo et Dominique de Guzman se regardèrent et, sans paroles, échangèrent leur pensée.

Elle devait être triste, à en juger par la douleur empreinte dans leurs yeux pleins de larmes.

Diego donna à son cortège modeste, l'ordre d'entrer aussi à la cathédrale à la suite du cortège magnifique des légats.

Une foule mêlée pénétra, à son tour, par les valves ouvertes de la basilique, foule plutôt hostile que fidèle, plus avide de spectacle et de bruit que d'évangéliques discours.

Avec une fierté plus guerrière qu'épiscopale, les trois légats pénétrèrent dans le sanctuaire, et Arnaud s'apprêta à célébrer les saints mystères.

Diego et Dominique, prosternés humblement sur le pavé de l'abside, derrière le chœur, priaient avec ferveur malgré le bruit qui résultait des allées et venues de la foule irrespectueuse de la sainteté du lieu et de la majesté de l'autel.

Tout à coup, on entendit, du dehors, des sonneries éclatantes de cors et de trompettes et des bruits de chevaux piaffant sur les pavés de la place; un murmure y répondit de l'intérieur de la basilique même.

Sous le porche retentit une voix de stentor, une voix de soudard autoritaire et insolent qui criait de façon à être entendu de tous :

— Le comte de Toulouse revient de la chasse, et le gibier ne s'est pas montré; il diminue; voilà bien la preuve incontestable que celui que les papistes disent être le créateur du monde n'est autre que le diable![1]

En même temps, le comte Raymond de Toulouse faisait irruption dans la nef, accompagné de ses bouffons et de quelques hommes d'armes, tandis que, par les valves ouvertes, on pouvait voir sa suite nombreuse arrêtée sur le parvis retentissant du piaffement des chevaux pleins d'écume.

L'attention de la foule était partagée maintenant en deux

[1] On verra plus loin, que ces hérétiques attribuaient, en effet, la création de l'univers au diable, en vertu des idées manichéennes qui étaient à la base de leur hérésie.

et allait du porche au sanctuaire, car on savait de quoi le
cynique Raymond était capable.

Le légat Arnaud qui officiait, se tourna, à ce moment,
vers le peuple, pour la rubrique : *Dominus vobiscum!*

Sur l'ordre de Raymond, ses bouffons, aussitôt, agitant
leurs grelots, se mirent à étendre les bras comme le légat et
à répéter la formule en écho, avec mille hideuses grimaces.

Cette sacrilège parodie dura une bonne partie de l'office,
après quoi le comte de Toulouse s'en alla en jurant que pas
un papiste n'échapperait au feu de l'enfer, en compagnie de
tous les papes, et du Diable leur seigneur et maître.

En s'en allant, il entraîna avec lui toute la foule, qui vida
l'église pour lui faire cortège et l'acclamer en hurlant à
l'unisson contre le pape et les papistes et en criant : Largesse!
à Raymond son défenseur!

Derrière le sanctuaire, Diego et Dominique, toujours
prosternés, inondaient le pavé de leurs larmes, criant de
toute leur âme, dans le silence de leur douleur, pitié à Dieu!

L'office devait être suivi d'un discours du principal légat.
Mais l'église était vide, et Arnaud donna l'ordre de rentrer au
palais où il logeait avec sa suite.

Diego, de son côté, envoya demander à Arnaud une
audience pour l'évêque d'Osma et son compagnon, porteurs
de lettres du souverain pontife Innocent III.

Un héraut vint leur dire de se rendre à l'hôtel de la légation où ils seraient reçus comme il convenait de recevoir un
évêque envoyé par le pape avec des lettres de crédit régulières.

Le cortège brillant s'ébranla dans le même ordre où il
était venu.

Diego Azebedo, accompagné de Dominique, suivirent, avec leurs compagnons, à une certaine distance, et pénétrèrent à leur tour dans l'hôtel de la légation, non sans avoir essuyé de nouveau les sarcasmes de la foule et entendu ses blasphèmes sur leur passage.

II

LES SOURCES.

Il nous faut remonter en arrière, et, pour comprendre la nature de ces troubles affreux et singuliers, interroger leurs origines et suivre les grandes lignes de leurs développements.

C'est au premier siècle même de l'Eglise chrétienne qu'il nous faut regarder, pour connaître les sources funestes de ce fleuve empoisonné qui ira s'élargissant de plus en plus à travers les âges et, tout en paraissant parfois endigué dans son cours impétueux, par l'énergie et la cruauté même des représailles, changera son mode d'action et infiltrera ses eaux dans le sol chrétien. pour rejaillir ensuite de toutes parts sous les masques les plus divers et former enfin l'anti-christianisme au vingtième siècle.[1]

Rien n'est plus compliqué, au point de vue historique rigoureux, que cette longue suite de luttes dont le monde chrétien a été et est encore le témoin de nos jours,

L'antichristianisme a pris, en effet, de tout temps, les

(1) Les sociétés secrètes seront un des modes les plus importants et les plus redoutables de la propagation du mal à partir de l'époque de la suppression des Chevaliers du Temple.

aspects les plus divers ; il a paru venir des sources les plus
variées, surgir d'une quantité d'événements différents et de
malentendus complexes.

De là l'extrême difficulté d'en faire un historique net et
marqué au coin de l'unité.

Le mal, d'ailleurs, on le sait, n'a pas d'unité ; sa formule
est la multiplicité dans la division et la lutte.

Dès son apparition, le christianisme eut deux ennemis
naturels : le judaïsme et le paganisme ; autant dire que le
monde entier était ennemi du christianisme naissant.

C'est donc du monde entier que sortiront toutes les
variétés d'opposition, et de là l'effrayante complexité de
l'antichristianisme.

C'est que le christianisme était une révélation et une
religion de rénovation, et publiait son intention de changer
la face entière du monde.

Redoutables, étaient les armes apostoliques. Les Apôtres,
en effet, annonçaient aux peuples une véritable Bonne-Nouvelle : la Liberté, la Lumière et la Paix.

Par la Liberté, les peuples étaient affranchis, s'ils le voulaient, de la pire des tyrannies, l'esclavage de l'âme, la
tutelle des idoles et l'abjection ténébreuse dans laquelle les
tenaient les sacerdoces césariens du paganisme.

Par la Lumière, le voile des mystères de leurs dieux
infâmes était déchiré à leurs yeux ; on leur montrait ces
dieux sous leur figure réelle de démons hideux, avides de
leur substance et ennemis éternels de la nature humaine.
Du même coup, leurs prêtres leur apparaissaient ce qu'ils
étaient, des sycophantes ou des loups dévorants, vivant de
leur substance en ce monde et les livrant, peut-être con-
sciemment, aux démons, en l'autre.

La Paix, enfin, était annoncée, car les Apôtres disaient
aux peuples :

« Maintenant, les temps sont accomplis ; la mort et l'**enfer** sont vaincus, le ciel est ouvert, l'Homme-Dieu, le Messie, le Pontife de l'Humanité, est venu; paix à tous ceux de bonne volonté, à tous ceux qui croient en lui et suivent son exemple et sa doctrine. »

Et quand les peuples demandaient comment ce Roi de gloire et d'immortalité avait accompli sa mission sur la terre et délivré l'Humanité, et quelle récompense, quel triomphe, pour un tel bienfait, les hommes lui avaient décernés, les Apôtres leur disaient :

« Il est venu dans son propre héritage, et ceux qu'il venait sauver, non seulement ne l'ont pas connu, mais même ils l'ont fait mourir de la mort ignominieuse des malfaiteurs. Voyez si douleur fut jamais plus grande que sa douleur; voyez de quel prix vous avez été rachetés de la servitude; voyez combien ceux qui l'ont immolé, de peur que vous eussiez, vous, leurs esclaves, la lumière, la liberté et la paix éternelles, haïssaient la lumière et votre salut. Réjouissez-vous, peuples de bonne volonté, levez-vous, ouvrez vos yeux, vos oreilles et votre cœur, parce que votre lumière est venue et parce que la gloire miséricordieuse de Dieu s'est levée parmi vous pour toujours. »

Les cœurs les plus durs se sentaient émus et, des lèvres des simples, ces amis de Jésus et ces candidats du ciel, sortait le cri de la foi et de la reconnaissance au Christ désormais adoré.

L'enfer perdait ses procès et les sacerdoces de ténèbres voyaient s'effondrer la vivante montagne d'iniquité sur laquelle étaient assis leurs mystères qui vivaient de la mort des hommes et de leur éternel esclavage.

Aussi, de tous les centres cachés où l'on prétendait conserver jalousement les mystères de la sagesse, sortirent des contre-messies chargés d'opposer d'autres révélations à la révélation de Jésus-Christ.

Ces envoyés furent lancés, porteurs d'un seul mot

d'ordre : opposition par tous les moyens et selon l'opportu-
nité des circonstances, à la révélation chrétienne, et surtout
par l'emploi des passions humaines habilement mises en
œuvre.

Purifier et affranchir, tel était le mot d'ordre de l'apostolat chrétien ; corrompre et déchaîner, tel était le mot d'ordre
du contre-apostolat des ténèbres ou de la fausse lumière.

Le vieux monde expirant lance contre le Calvaire ses dernières énergies. Du paganisme sort, avec un certain nombre
de coryphées, tout ce que le polythéisme peut donner de
science ; du judaïsme, dont la hiérarchie est devenue l'esclave
des Césars, sort la gnose aux sources indéterminées, et
Simon le Mage en est le prophète ; mais le sang du Calvaire
rougit de nouveau, renouvelé par les martyrs qui cimentent
le pied de la Croix ; ce sera en vain que les césars romains
entameront la lutte effroyable des persécutions, en vain que,
plus tard, l'école célèbre d'Alexandrie, dernier rempart d'un
monde qui s'éteint, brillera d'une lumière philosophique qui
essaiera, avec Plotin, Jamblique et Porphyre, d'éclipser et
d'étouffer la lumière chrétienne, et même de la transformer,
l'élan formidable est donné, le monde sera chrétien, malgré
les ouragans, malgré les tempêtes, malgré la fureur des
flots qui déferleront à ses pieds ; la Croix restera inébranlable
à l'orient ; une ère nouvelle commence sur les ruines des ères
anciennes, et le Calvaire demeure son phare éternel.

Cependant, de ces convulsions de tout un monde, de cette
extraordinaire agitation de tant d'éléments mis soudain en
activité, quelque chose devait rester :

Les germes, bientôt féconds, de toutes les hérésies contre
lesquelles l'Église aura désormais à lutter à travers les
siècles sans trêve ni relâche.

Car il n'est rien qui ne porte son fruit ; c'est la loi même
des effets et des causes ; toute semaille appelle une moisson
qui vient à son heure, fatalement et ponctuellement.

C'est ainsi que les actes humains, quels qu'ils soient, ont toujours des conséquences, bonnes ou mauvaises, selon leur propre valeur.

Du reste, il faut reconnaître que personne, parmi les historiens, n'a jamais vu bien clair dans l'obscure question de l'antichristianisme depuis l'origine jusqu'à nos jours; ce serait montrer de la témérité et consentir à se payer de mots que prétendre à y voir soi-même tout à fait clair.

C'est une folie, en effet, que de vouloir juger du fond des choses par les apparences qui voilent leurs ressorts cachés et la main qui les fait mouvoir dans l'ombre souvent impénétrable.

Les apparences de l'antichristianisme, à travers les âges, tendent à démontrer que les questions d'intérêt privé ou public, d'écoles et d'Etats, y ont joué le plus grand rôle.

Cela est vrai en partie, mais, dès le principe, il y eut une opposition d'un autre genre; c'était la tradition de tous les sanctuaires de l'ancien monde, plus ou moins dégénérés, qui se levait et mobilisait ses forces contre la formation du sanctuaire nouveau, contre la Bonne-Nouvelle de l'Homme-Dieu annoncée par le Martyr du Golgotha.

Et ce n'étaient pas seulement les démons chassés des corps des possédés qui reprochaient au Christ sa venue comme prématurée et lui criaient :

— Est-ce déjà toi? Pourquoi nous troubles-tu? Pourquoi viens-tu avant le temps? Qu'y a-t-il de commun entre toi et nous, Jésus, Fils de Dieu?[1]

Hélas! à mesure que le drame de la Rédemption perdra ses témoins oculaires et que les premiers Apôtres descendront au tombeau, ce ne sera plus seulement du dehors que viendront les troubles; la société chrétienne elle-même sera

____

[1] S. Matth. VIII, 29.

divisée et, dès les premiers temps du Christianisme, il y
aura l'hérésie qui rompra l'unité au sein même de la société
des fidèles.

En s'agrandissant dans le monde, le christianisme empor-
tera avec lui, en même temps que sa lumière, toutes ces
ombres, et leur mélange et leurs luttes influenceront les
évolutions des peuples et empêcheront à jamais qu'ils soient
un seul troupeau sous une houlette unique.

Nous avons assisté déjà, au cours de cette histoire, à la
plupart de ces luttes tragiques de l'Eglise en face de l'hérésie
et du schisme.

Plus nous avancerons et plus nous verrons se réaliser
cette parole de Jésus, aussi triste que prophétique :

— J'apporte à la terre, non la paix mais le glaive, non
l'union mais la division.[1]

La vérité, en effet, ressemble à la lumière : dès qu'elle
paraît, elle divise les êtres pour les déterminer et en opérer
le classement selon des règles qui sont contraires à celles des
ténèbres.

Sans nous engager, de crainte de nous égarer, dans les
ténébreux méandres de l'histoire si complexe des hérésies,
nous dirons, avec les auteurs catholiques, que toutes se
rapportent plus ou moins à une fausse gnose, le gnosticisme,
au fond duquel, la plupart du temps, on trouve le manichéisme qui croit à la coexistence éternelle de deux principes
opposés et en lutte l'un contre l'autre, le principe du Bien
et le principe du Mal, et c'est ce dernier qui aurait, selon les
manichéens, créé notre monde !

Cette monstrueuse conception tire sa dénomination de
Manès ou Manichée qui vivait en Perse au IIIᵉ siècle et
voulut, lui aussi, faire une synthèse philosophique dans
laquelle il espérait fondre les antiques doctrines orientales

(1) S. Matth. x, 34.

avec le gnosticisme plus récent, le polythéisme et le christianisme.

Mais Manès, que l'on a cru à tort disciple direct des doctrines de Zoroastre, n'en connaissait que l'altération grossière et inintelligente.

En tout cas, ce qui domine l'épanouissement de l'hérésie, c'est l'absence de tout mouvement d'ensemble et de toute unité d'intelligence.

De toutes parts, surgissent des hommes sortis on ne sait d'où, et chacun d'eux a un système particulier qu'il a puisé on ne sait où, qu'il prétend imposer comme parole divine, qu'il a l'audace d'étayer sur les Ecritures même de l'Ancien et du Nouveau Testaments, et pour lequel il recrute des prosélytes.

Sous l'influence de ces hommes sans lumière, la religion prend autant de formes qu'il y a d'individus pensant différemment. Les sectes naissent des sectes sans fin et sans repos. Aucune autorité, aucun symbole fixe, n'éclairent cette nuit.

Seule, l'Eglise a une autorité, seule elle a un Symbole précis, seule elle déclare avoir reçu un dépôt qu'elle doit défendre et garder intact à travers toutes les vicissitudes, seule elle a des dogmes fixes qui, il est vrai, ne sont pas encore commentés ni expliqués, mais dont la lutte acharnée va provoquer l'exposition et le dégagement.

Comme une bouée lumineuse et indéfectible, elle flotte sur l'anarchie des flots et, à mesure qu'elle se développera dans la société, elle essaiera sans cesse, sans y parvenir complètement, d'apaiser ces tempêtes et de tonifier ces discordances.

Mais l'Eglise, avec son expansion, va prendre la tête du mouvement social, elle va être elle-même, en quelque sorte, la société tout entière, dans laquelle ses membres auront les plus hauts honneurs, souvent en discordance avec leurs fonctions sacrées; les abus naîtront de toutes parts, le clergé, l'épiscopat, la papauté même, enivrés par la puissance, les richesses, les jouissances du siècle, emportés dans le tourbillon des choses politiques et de leurs relations avec les rois de la terre, formeront une ombre sur la lumière du Christ et la sainteté des Apôtres, et, de siècle en siècle, la société chrétienne, opprimée par les abus, soupirera après sa délivrance. Les plus hardis fomenteront des révoltes et des révolutions, et comme le pivot de la société est la religion, comme la vie même de la société est dans la religion, ce sera sur le terrain religieux, avec des arguments religieux, avec des armes tirées de l'essence même de cette société, que tous ceux qui prêcheront son affranchissement agiront.

Ces arguments, ces armes, hélas! seront l'hérésie sous toutes ses formes et sous des formes nouvelles, les plus imprévues, souvent les plus absurdes, d'une absurdité telle que l'on se demanderait comment de pareilles folies ont pu trouver des adeptes conscients, si l'on ne considérait pas, d'une part, la souffrance comme cause de leur folie, et si, d'autre part, on ne savait que, selon l'Ecriture et la parole même du Saint-Esprit, le nombre des insensés n'a pas de limites.[1]

Dans la société chrétienne, ce mal affreux grandira à travers les siècles et il sera la cause, toujours vivante encore de nos jours, de toutes les grandes convulsions de la société et de l'histoire.

Or, il est une chose qu'il ne faut pas perdre de vue, c'est que toutes ces hérésies, toutes ces révoltes, toutes ces révolutions, toutes ces commotions, toutes ces convulsions, dans le corps social, sont le signe de sa mauvaise santé. Lorsqu'un organisme est en bonne santé, en effet, il est en paix et rien ne le trouble. La société dans laquelle se passent de telles choses est une société malade; l'esprit de Dieu qui est l'har-

____

(1) *Stultorum infinitus est numerus*, dit la Sagesse.

monie et l'équilibre, n'y règne pas, et c'est l'esprit de Satan, l'esprit de désordre, qui y fomente tous les ravages et y accumule toutes les ruines.

A cette société où règne tant de désordres et de confusion, où l'amour de soi-même est si facilement pris pour de la justice, les penseurs ironiques ont toujours dit ces paroles qui font partie des maximes de l'antique sagesse des nations : « Médecin, guéris toi toi-même. »

Mais il est des maladies que les malades semblent entretenir au lieu de les guérir ; pour combattre cette aberration, Dieu envoie sans cesse des Saints sur la terre, des Saints qui, par leur parole, leurs exemples, leurs œuvres de toutes sortes, seraient capables de guérir la société malade. Mais elle ne veut pas être guérie, et bientôt les saints, devant le cas que l'on fait souvent de leurs personnes, de leur mission et de leurs œuvres, la plupart du temps détournées de leur objet et rendues inutiles, à l'exemple du divin Maître, pleurent sur cette Jérusalem, lui reprochent son ingratitude, étendent les bras et meurent. Alors, on exalte leurs vertus ; on eut mieux fait de les écouter et de s'éclairer à leur prophétique lumière.

III

L'AUDIENCE.

Les trois légats étant rentrés dans les appartements, l'abbé de Cîteaux, Arnaud, ordonna qu'on introduisît l'évêque qui sollicitait audience, avec son compagnon.

Bientôt après, Diego Azebedo et Dominique entrèrent dans la salle où Arnaud était assis, avec ses deux compagnons, sur des cathèdres de bois aux sombres sculptures.

Sur un signe de l'abbé de Cîteaux, tous ceux que leur service appelait dans la salle s'éloignèrent, et les portes furent fermées.

Alors, Arnaud, se levant de son siège, dit :

— Soyez le bienvenu, vénérable frère, vous et les lettres que vous m'apportez de la part du très saint pape Innocent. Le clerc qui vous accompagne est-il avec vous ? Qu'il se relève, nous le bénissons.

Dominique, en effet, s'était prosterné aux pieds du légat, à la manière des religieux devant leur abbé, pendant que celui-ci donnait le baiser de paix à l'évêque d'Osma et le recevait de lui, selon l'usage.

Diego tira les lettres apostoliques qu'il portait avec lui et en fit part au légat.

Que diriez-vous si ces tiges se mettaient à saigner entre vos mains?
(P. 53.)

Il raconta, en outre, son passage à Rome, son entretien avec le pape Innocent III, ne cachant pas non plus les raisons politiques qui avaient été les motifs premiers de son voyage, tout en gardant la discrétion convenable sur le fond de sa mission diplomatique.

— Où , vénérables frères, ajouta-t-il, mon cœur a été profondément affligé des innombrables maux qui sont déchaînés sur les pays chrétiens, et, du fond de mon cœur, comme un jet de feu, est parti cet ardent désir de venir, moi aussi, travailler à cette vigne ingrate, à ce champ du Père de famille où le méchant homme est venu, pendant la nuit de nos désordres, semer tant d'ivraie et de plantes parasites et étouffantes.

« Ce jeune clerc est mon plus cher disciple, une âme d'élite qui n'aspire qu'à se sacrifier pour la cause de Dieu, celle de la religion et le salut des âmes si cruellement détournées de la voie du Ciel par l'ennemi implacable du genre humain.

» Avec vous nous prêcherons, nous enseignerons les peuples, nous irons au martyre, s'il le faut, et si notre parole est insuffisante, que notre sang du moins jaillisse jusqu'à Dieu comme une lumière d'amour pour lui et pour les hommes, nos frères égarés !

— Croyez-vous, vénérable frère, dit le légat, qu'il soit bien utile de courir au martyre? pensez-vous que notre sang servirait à autre chose qu'au triomphe de l'iniquité? sommes-nous encore à cette époque où le sang des martyrs était une semence de chrétiens?

Et comme le saint évêque Diego d'Azebedo et Dominique regardaient l'abbé de Citeaux avec un certain étonnement, Arnaud se mit à marcher à grands pas dans la salle en s'écriant d'une voix où vibrait une colère à peine contenue :

— Ce temps-là est passé! Oui, il est passé! Ce n'est plus aujourd'hui le temps de l'amour, de l'instruction, de l'exhortation, de la miséricorde, de la souffrance, et du martyre ; autre temps, autres moyens ! Quoi ! l'Eglise est assise sur le trône des nations, Pierre dans ses successeurs, est Pontife et Roi à la fois, les évêques, de toutes parts, ont entre les mains, en même temps, le pedum [1] et le glaive, nous avons la force, et vous pensez au martyre !

Non ! non ! des victimes il y en aura, certes, mais elles tomberont les armes à la main, car, désormais, c'est la guerre qu'il faut faire aux hérétiques et aux impies, la guerre à outrance, sans miséricorde et sans merci, sans distinction et en laissant à Dieu le soin de reconnaître ceux qui lui appartiendront et de les juger selon leurs œuvres.

Diego écouta ces paroles enflammées, dans un profond silence, regardant tour à tour l'abbé de Citeaux et ses deux collègues, Pierre de Castelnau et Raoul, qui, eux aussi, écoutaient Arnaud sans l'interrompre.

Alors, avec la liberté et la mansuétude des hommes de Dieu, l'évêque d'Osma dit :

— Jadis, dans les sentiers de la Galilée, Pierre se révolta en entendant son Maître annoncer à ses disciples le drame du Golgotha dont il allait être le divin héros, et Jésus dit à Pierre cette parole sévère : « Retirez-vous de moi, Satan, vous me tentez, et vous n'avez aucun goût pour les choses de Dieu.[2] »

« N'imitons point Pierre, ni lorsqu'il ne comprit pas ces choses du ciel, ni lorsqu'avec son glaive il coupa l'oreille du serviteur de Caïphe.

» Notre-Seigneur Jésus a dit, il est vrai, qu'il apportait à la terre non la paix mais la guerre, marquant ainsi qu'étant la Vérité, comme la Vérité il serait un sujet de contradictions et de luttes ; mais il a dit aussi : Je ne suis pas

(1) La crosse, l'aiguillon, la houlette.
(2) S. Matth., xvi, 23.

venu pour perdre les hommes, mais, au contraire, pour les sauver. »

Alors, fixant les yeux sur Pierre de Castelnau en particulier, Diego ajouta :

— Le martyre est de tous les temps et de toutes les époques, l'un de nous qui sommes ici, l'éprouvera bientôt, probablement.

Tous les témoins de cette scène se regardèrent. Les trois légats pensèrent que l'évêque d'Osma voulait parler de lui-même et, peut-être, avait quelque pressentiment d'une destinée tragique.

Seul, Dominique ne douta pas un seul instant que son évêque prophétisait à son endroit, et il se réjouit en lui même en songeant que ses vœux seraient exaucés et qu'il aurait le bonheur tant ambitionné par lui de verser son sang pour la foi.

Mais ils se trompaient tous, comme l'événement allait bientôt le montrer.

— Vénérable frère, dit alors l'abbé de Citeaux, loin de m'offenser de vos paroles, j'admire votre sagesse, et mon âme se réchauffe à la chaleur de vos sentiments apostoliques. Hélas ! hélas ! savez-vous tout ce que nous avons souffert ! vous dirai-je nos travaux, nos sueurs, nos fatigues ; ignorez-vous combien de générations d'ouvriers, pleins du plus grand zèle apostolique, ont sillonné ces champs malheureux et sont morts à la peine sur ces glèbes pleines de ronces et d'épines ? Vous rappellerai-je les labeurs de notre vénérable père Bernard, auquel mon indignité succède dans la charge d'abbé de Clairvaux ? N'a-t-il pas tout fait, même des miracles, avec l'aide de Dieu ?

» Mais leurs yeux ne se sont pas ouverts, leurs cœurs sont restés fermés, ils ont continué à suivre les sentiers de l'iniquité ; partout, ils prêchent leurs odieuses doctrines, partout, ils font des prosélytes ; ils se constituent des églises

particulières, synagogues infâmes où trône Satan; leur
mépris pour les pasteurs légitimes n'a pas de bornes; ils
prétendent avoir eux-mêmes des évêques; ils vont remuer la
société de fond en comble, ramener tout à la barbarie, et
treize siècles de christianisme auront lui en vain sur l'Europe.

» Est-ce tout encore?

» Hélas! non. Ce n'est pas seulement le peuple qui est
séduit. Des seigneurs ambitieux qui veulent agrandir leur
fortune sur des ruines publiques, des hommes à qui pèse le
joug de la loi qui commande les mœurs, avides de rompre
toutes les digues qui s'opposent à leurs passions effrénées,
font cause commune avec ces odieux perturbateurs de
l'ordre social et religieux, pour renverser l'autorité légitime
et faire triompher sur ses débris leur immoralité farouche.

» Est-ce tout encore?

» Non, hélas! Le poison s'est infiltré jusque dans le
sanctuaire, et l'on voit des clercs, indignes du sacerdoce,
grossir les rangs de ces impies.

» Avez-vous été témoins, tout à l'heure, dans la cathédrale, des actes odieux du comte de Toulouse? Il n'est pas de
jour où ces scènes ne se renouvellent; le peuple, qui sent le
moment venir où quelqu'un triomphera, se range d'instinct
du côté du plus insolent, de celui qui paraît le plus fort et
dont les actes flattent le plus ses passions.

» Je viens de vous parler du comte Raymond de Toulouse; sachez au juste ce qu'il est.

» C'est depuis son enfance qu'il professe le plus grand
attachement pour les hérétiques et leurs doctrines funestes.
Parmi ses compagnons, et vêtus de manière qu'il est impossible de les distinguer des autres, il traîne partout après lui
deux évêques hérétiques. C'est au cas où la mort viendrait le
surprendre inopinément, car il croit, comme eux tous,
d'ailleurs, que si un de ces évêques impose les mains à un
mourant, quelque souillée que soit l'âme de celui-là et même

chargée des crimes les plus noirs, elle est sûre, ainsi, de s'envoler tout droit au paradis pour y jouir de la félicité éternelle!

» Aussi, il entoure les docteurs hérétiques des plus grands honneurs, se prosterne à leurs pieds, leur demande leur bénédiction et fait le plus grand cas de tout ce qui vient d'eux et de toute parole qui sort de leur bouche.

» La nuit, dans son palais, se tiennent des conciliabules hérétiques, et Dieu sait ce qui s'y passe! Sa bouche est sans cesse occupée à blasphémer où à profaner, par de hideuses et ignobles moqueries, tout ce qu'il y a de plus sacré et de plus saint.

» Cet homme profane incessamment la sainteté du mariage qu'il dissout à son gré; il est perdu de débauches et de crimes; c'est, en outre, l'âme la plus déloyale qui se puisse rencontrer et il ne lui en coûte rien de violer les serments les plus sacrés.

» Nous avions cru pouvoir compter sur lui pour la pacification des provinces; il promet tout et ne tient rien. Tous ses sujets, d'ailleurs, sont hérétiques.

» Je n'en finirais pas, vénérable frère, si je voulais vous faire le tableau complet de toutes nos douleurs. Croyez-moi, le temps est venu où il faut agir par la force, si nous voulons sauver la foi chrétienne et empêcher le monde de retomber dans la plus affreuse barbarie. »

— Je sais, dit l'évêque d'Osma, quelle est l'étendue du mal, par des rapports circonstanciés qui m'en ont été faits. Hélas! vénérable frère, vous le dirai-je? je vois le mal plus grand encore que vous ne le voyez vous-même; bien loin de vouloir essayer de l'atténuer, même pour vous consoler.

» Vous êtes découragés! Vos efforts vous apparaissent stériles après tant d'autres qui n'ont pas abouti davantage. Douteriez-vous de la puissance de Dieu, et ne faites-vous pas ainsi une injure à la Providence?

» Quoi! vous désespéreriez d'un apostolat, si épineux soit-il, en pleine société chrétienne!

» Ah! qu'eussiez-vous donc dit si vous vous fussiez trouvés à la place des Apôtres, de ces douze hommes ignorants et faibles en face du monde entier plongé dans des ténèbres, au sein desquelles il fallait engendrer la lumière!

» Songez au chemin parcouru par la foi chrétienne depuis treize siècles, et demandez-vous ce que sont les labeurs d'à présent en face de ceux-là!

» Mais, aussi, quelle différence entre les Apôtres d'autrefois et ceux d'aujourd'hui!

» Ceux-là s'en allaient prêchant, non seulement de bouche mais d'exemple, annonçant partout que le royaume du Seigneur Jésus n'est pas de ce monde.

» Ils n'allaient pas, à travers les peuples, vêtus d'écarlate et d'or, en habits de parade ou de guerre, affichant un luxe insultant pour la misère et contraire aux préceptes formels de l'Evangile.

» Celui qui les avait envoyés leur avait dit : « Vous n'emporterez avec vous qu'un manteau, pas de besace, pas même de chaussures; c'est ainsi que vous offrirez la paix aux demeures et aux cités que vous visiterez; ceux qui recevront votre paix seront sanctifiés, s'ils sont dignes, sinon votre paix vous reviendra comme un bien légitime. N'ayez ni or, ni argent, ni monnaie sur vous; votre trésor, c'est votre pouvoir, c'est la grâce que vous avez reçue gratis et que vous devrez transmettre gratis. Alors, vous guérirez les infirmes, vous chasserez les démons, vous purifierez les lépreux et vous ressusciterez même les morts. »

» Qu'il y a loin, vénérable frère, de ces conseils dictés par le Seigneur et suivis par les Apôtres, à la façon dont nous nous présentons aux peuples, dans tout le pompeux et mondain appareil des seigneurs et des puissants de la Terre!

» Evêques, successeurs des Apôtres qui portaient la paix de Jésus-Christ, voici que nous sommes des guerriers et des hommes d'armes ! Quelques-uns d'entre nous affichent un luxe de satrapes, et nous nous étonnons que les peuples que nous prêchons nous crient ironiquement :

» — Vous reviendrez nous prêcher vos maximes, quand votre clergé et vous-mêmes les suivrez ! »

» Revenons à la simplicité Apostolique, qui faisait des miracles ; à l'exemple des Apôtres, après avoir rejeté tout cet appareil mondain, allons au-devant des peuples, pieds nus et sans argent, entourés du seul éclat des vertus chrétiennes ; alors, si nous ne sommes pas écoutés, nous aurons le droit de nous plaindre. »

Les légats avaient écouté ce discours avec un grand étonnement, pensant en eux-mêmes que cet évêque était bien peu de son époque. Cependant, faisant indirectement allusion au train d'ambassadeur que l'évêque Diego Azebedo d'Osma menait avec lui à cause de la mission dont il était chargée, ils lui dirent :

— Ce serait une bien grande nouveauté que d'agir ainsi. Néanmoins, nous le ferons volontiers si une personne autorisée nous ouvrait la voie en y marchant la première.

— Je suis prêt, dit l'évêque d'Osma, à vous montrer l'exemple, pour ma part, et mon fils Dominique me suivra avec joie. Promettez-moi seulement de me suivre, vous aussi.

— Nous vous suivrons, dirent les légats ; puisse Dieu bénir ces derniers efforts.

Aussitôt, Diego Azebedo donne ordre à toute sa suite de reprendre sans lui le chemin de l'Espagne, et les cinq apôtres, pieds nus et sans argent, marchent résolument à la conquête des âmes.[1]

____

(1) *Chron. Mont. Seren.* ann. 1224 ; Meuken. *Script. rerum German.* t. II, citées par Bareille : *Hist. de l'Eglise.*

Quelques jours après, Arnaud les quittait pour aller
assister aux comices de son Ordre; mais, bientôt, il reve-
nait, ramenant avec lui douze abbés et toute une légion de
religieux fermement résolus à l'observation de la plus stricte
humilité chrétienne et au détachement de tous les biens de
la terre.

Pour évangéliser les provinces infectées par l'hérésie,
ces apôtres se divisent et s'en vont, répandant la lumière,
quêtant de porte en porte leur pain quotidien, poursuivant
l'erreur de toutes parts avec un infatigable zèle, pendant que
partout aussi la Providence leur donnait des signes évidents
de la sainteté de leur mission.[1]

(1, Bareille. Hist de l'Eglise.

IV

LE FLEUVE.

L'hérésie dont nous avons indiqué les sources primitives
et secondaires, ressemblait alors à un grand fleuve débordé,
prêt à inonder le monde chrétien, détrempant peu à peu ses
assises jusqu'au jour où, se changeant en torrent impétueux,
il en emporterait les débris à la mer.

Devant le fléau dévorant, le labeur de l'Eglise était
immense, peut-être même au-dessus de ses forces tempo-
relles, et cela parce que l'hérésie n'a pas d'unité et possède
autant de têtes qu'il y a d'hérétiques dans le monde.

L'histoire des luttes séculaires de l'Eglise contre les
ravages des grandes hérésies est, nous le répétons, très
obscure, à cause des innombrables aspects que ces luttes
ont pris, des intérêts innombrables et contraires qui furent
en jeu, à cause de la difficulté, de l'impossibilité même de
ramener les hérésies à une synthèse évidente, dogmatique
et représentée par une autorité intellectuelle organisée.

On a voulu ramener toutes les hérésies au gnosticisme et
au manichéisme; ces deux mots sont devenus des monstres et
l'on a pris l'habitude de les prononcer dans toutes les causes
obscures et à propos de tout, englobant généralement sous la

dénomination de gnosticistes et de manichéens, tous ceux
en face desquels on se trouvait placé dans la lutte.[1]

La véritable tête de l'hérésie, la tête qui survit à tous les
âges, c'est *l'individualisme*, c'est-à-dire l'acte par lequel un
individu ou un groupe se sépare du corps social, religieux
ou civil, et entre en lutte avec lui d'une façon active.

Tel est le vrai point de départ, la raison d'agir et le but
de toute hérésie.

L'orgueil, l'ambition, la dissolution, sont les motifs
d'agir des individualistes qui veulent devenir indépendants
de l'ordre établi, et dont ils devraient être les serviteurs, pour
créer un ordre à eux et nouveau dans lequel ils seront les
maîtres et les tyrans, à leur tour.

L'expérience de tous les jours fait foi de cette vérité tan-
gible. Le mécontent audacieux est toujours un destructeur
de l'ordre établi, et ses doctrines sont toujours les mêmes et
se résument en très peu de mots, et voici ce qu'ils disent
tous : « Le bien et le mal se disputent le monde. Or, le bien
c'est nous, et le mal c'est les autres. Donc chassons les
autres pour nous mettre à leur place, et alors tout sera bien,
et malheur à quiconque en doutera un seul instant. »

Le vrai gnosticisme et le vrai manichéisme en action

(1) C'est ainsi que lorsque Philippe le Bel, altérateur des monnaies, voudra
s'emparer des biens des Templiers, et ne le pouvant pas sans le consentement du
pape, pour forcer la main de ce dernier et obtenir de lui une excommunication qui
livrerait les chevaliers du Temple au bûcher, il les accusera de gnosticisme et de
manichéisme.

De nos jours encore, l'histoire impartiale et la critique sagace s'efforcent de
rétablir la véritable histoire des Templiers et de faire à leur sujet une lumière qui
peut-être n'a jamais encore éclairé personne.

Des saints ont été accusés de gnosticisme et de manichéisme. Nous n'en citerons
qu'un; le grand, l'illustre saint Jérôme souffrit cette accusation de la part de ses
nombreux et fanatiques ennemis, parce que frappé de la défectuosité de la version
biblique des Septante, il entreprenait de retraduire les textes hébreux pour doter
l'Eglise d'une version plus correcte, qui est notre vulgate latine.

dans le monde, les voilà bien; c'est l'égoïsme qui s'oppose à l'amour et, pour triompher, introduit le désordre dans l'ordre et l'anarchie dans la hiérarchie.

Mais, comme ce n'est pas d'emblée qu'un homme qui, aujourd'hui n'est rien, devient demain quelque chose, ces loups dévorants commencent par se faire des partisans en lançant des idées fausses, soit religieuses, soit sociales, parce qu'ils savent que c'est l'idée qui met les êtres en mouvement et que sans l'idée on ne peut rien faire.[1] Alors, les simples sont séduits, ils deviennent le marchepied de ces sycophantes en attendant d'en être les esclaves, et il n'y a pas de tyrannie plus dure que celle de ces enfants de l'enfer.

Or, la société, qui est un être vivant véritable, ne peut être en bonne santé, si elle n'est pas constituée en parfaite hiérarchie. Il faut, dans la société, une tête souveraine, siège de la mentalité, organe de l'autorité spirituelle, dépositaire de la vérité totale dans ses trois ordres : l'ordre divin, ou des principes éternels, l'ordre cosmique, ou des lois providentielles qui manifestent Dieu dans ses œuvres, l'ordre social, ou des faits de la vie intelligente dans l'homme dont les pieds marchent sur la terre, mais dont l'esprit doit regarder fermement les cieux.

Eh ! bien, cette tête, c'est l'Eglise de Dieu, l'Eglise à qui il a été dit : « Allez, enseignez toutes la nations et instruisez-les à retenir tout ce qui vous a été confié.[2] » Et encore : « Conservez le dépôt intact.[3] »

Telle est la tête de la Société, la tête auréolée du soleil divin.

Il faut, en outre, dans la société, une force qui serve

(1) Comme l'exprime Virgile : « mens agitat molem » c'est l'esprit qui agite la matière.

(2) Matthieu, xxviii.

(3) « *Depositum custodi*, » dit S. Paul à son disciple Timothée. (II Tim., i, 14.)

l'esprit, la tête, l'autorité : un pouvoir exécutif ; mais ce pouvoir doit être distinct de l'autorité et lui être absolument soumis. Car le pouvoir vient de l'autorité et non de lui-même, parce que la force n'est pas l'esprit, mais résulte de la pénétration de l'esprit dans la matière qu'il agite, pour lui donner la vie et la faire monter par l'amour jusque dans les gloires de la lumière vivante.

Voilà pourquoi, et dans quel sens, le pouvoir est de droit divin, mais non par lui-même, il ne l'est que par délégation de l'esprit.

C'est ainsi que Notre-Seigneur Jésus-Christ à qui tout pouvoir a été donné, en sorte que tout genou fléchisse devant son nom au ciel, sur la terre et dans les enfers, nous a déclaré tenir son pouvoir de son Père.[1] Voilà pourquoi l'Église chante de lui ces paroles de David : « Le Seigneur l'a juré, il ne se repentira pas de son serment ; tu es le Prêtre éternel selon l'ordre de Melchisedech.[2] »

Or, Melchisedech, nous dit saint Paul,[3] bénit Abraham qui venait d'exercer la force de la justice contre des rois, et ainsi, il était, selon l'interprétation hébraïque de son nom — Meleck Zadeck — roi de justice, tout d'abord ; ensuite roi de Salem, qui veut dire roi de la Paix.

Mais Melchisedech est sans père, sans mère, sans généalogie et sans commencement ni fin ; ainsi ce n'était pas un individu, mais une figure vivante et éternelle, la figure d'un rôle divin dans le monde, celui du Christ venu pour exercer la justice par la paix et par l'amour dont les augustes mystères résident, avec toute la divine gloire du Médiateur, dans les pacifiques et immaculés symboles du Pain et du Vin.

(1) Et S. Pierre le confirme en disant : « Que toute la maison d'Israël sache donc certainement que Dieu a fait Seigneur et Christ ce Jésus que vous avez crucifié. » (Actes, ii, 36.)

(2) Ps. 109.

(3) Hebr. vii.

La médiation du Christ est donc toute spirituelle, et de même que l'Eglise tient de lui son pouvoir spirituel, ainsi les rois de la terre doivent tenir leur glaive de l'Eglise.

Le reste de la société comporte ses membres divers qui ont chacun leur place et leur fonction dans la hiérarchie harmonieuse du corps tout entier. Jamais cette dépendance ne doit être un esclavage ni une oppression; chacun doit recevoir en proportion de ce qu'il donne; à chacun est dû la vie, la lumière, l'amour et la récompense des mérites par une juste ascension sur les degrés de l'échelle sociale.

Voilà ce que l'Eglise s'est efforcée de réaliser dès le siècle apostolique, puis avec Charlemagne. Mais, hélas! voilà ce qu'elle n'a pu réaliser complètement, à cause des incroyables douleurs qu'elle a subies à travers les siècles, à cause de la confusion qu'ont apportée dans ce plan idéal d'organisation du monde, tous ses ennemis publics ou secrets, et même hélas! ceux qui se disaient ses amis et ses serviteurs, mais qui étaient plus charnels que spirituels, plus ambitieux que pieux, et qui ont montré que les bonnes intentions — dont on dit que l'enfer est pavé, d'ailleurs — ne sauraient remplacer la science véritable que voilent les ombres de la terre et dont la vraie gloire s'épanouit au ciel.[1]

L'Eglise qui conserve le dépôt de la vérité a donc le droit et le devoir de la faire respecter dans son domaine; et ce droit lui vient de ce qu'elle est vivante et que tout être vivant doit protéger sa propre vie; et ce devoir lui vient de ce qu'elle a la charge des âmes et qu'elle doit les empêcher de se perdre et d'introduire par de funestes erreurs, le chaos dans la société chrétienne.

---

[1] La démocratie pure ou république pure qui tire son autorité exclusivement du peuple, est une grande erreur sociale qui a l'ostracisme aveugle pour garantie. C'est la Société marchant la tête en bas et les pieds en l'air. Il n'y a jamais eu heureusement encore de républiques pures dans le monde chrétien. Nous n'en trouvons d'exemple que dans l'antiquité, à Sparte et à Lacédémone.

La Vérité a apporté la liberté aux hommes, mais sous condition que les hommes soient spirituels et non charnels, justes et non égoïstes.

L'hérésie n'a apporté que la fausse liberté qui est la licence, et voilà pourquoi elle montra une fécondité et une multiplicité effrénées.

Les noms qu'elle prit rempliraient des pages ; les Albigeois étaient frères des priscillianistes, des pauliciens, des bulgares, des pétrobusiens, des henriciens, des cathares, des patarins, des beggards, et d'une foule d'autres, qui étaient autant de branches empoisonnées du même fleuve fangeux qui roula ses eaux dans les trois parties du monde avant de devenir, comme nous le verrons au XVe siècle, la grande opposition faite ouvertement au Catholicisme sous le nom de Protestantisme.

La lutte entreprise contre l'hérésie fut toujours vive et ardente dans l'Eglise depuis les combats de saint Pierre et de saint Paul contre Simon le Mage, et nous en avons vu de nombreux exemples au cours de ces Fastes.

A présent, nous voyons l'Eglise mobilisant toutes ses forces intellectuelles et bientôt ses forces coercitives contre l'Albigéisme qui menaçait de refaire la barbarie dans nos pays ordonnés par le Christianisme au prix de tant de luttes et de travaux séculaires.

V

L'APOSTOLAT.

Diego, comme un infatigable apôtre, parcourait les campagnes, annonçant la parole de vérité à tous et luttant corps à corps contre l'erreur.

On le voit à Caraman entamer une discussion publique avec deux fameux hérésiarques, Baudoin et Théodoric, les terrasser par sa parole et les couvrir publiquement de honte et de confusion.

Pendant ce temps-là, Dominique est à Fanum Jovis,[1] localité ainsi nommée à cause d'un temple de Jupiter qui y était jadis construit et faisait de cette région le centre religieux du paganisme de toute la contrée.

Ce temple s'élevait sur un roc qui domine toute la campagne et au pied duquel s'étendent les plaines de la Prouille, qui seront le berceau de l'Ordre nouveau des Dominicains, que le prêtre espagnol va fonder bientôt.

Là, la parole ardente de Dominique soulève les masses et convertit neuf nobles dames dont l'exemple est bientôt suivi par de nombreuses personnes.

(1) Fanjeaux.

Bientôt, les croyants sont en majorité et soulevés contre les hérétiques, qui se font appeler dans ce pays du nom de « Bons Hommes », leur infligent le sobriquet déshonorant de *ladres*, qui leur restera au point que leur cimetière, situé dans un champ au midi de la ville, sur la route des Roucastels, s'appellera désormais *le cimetière des ladres*.[1]

Il court ensuite à Montréal, et là, non content de prêcher, il écrit sur des parchemins les arguments invincibles qu'il oppose aux doctrines hérétiques.

— Lisez-les, dit-il au docteur albigeois contre lequel il lutte, méditez-les, gravez-les dans votre esprit, et qu'ils soient désormais la règle de vos croyances.

— Les lire et les méditer! s'écrie l'hérétique docteur avec mépris, je les livrerai aux flammes comme le méritent ces arguments odieux!

Et, aussitôt, il ramasse du bois et allume un brasier qui, bientôt, devient ardent.

Par trois fois, il jette le parchemin dans les flammes, et, par trois fois, les flammes le respectent et il en sort intact.

Cependant, le bruit des succès de Dominique arrive aux oreilles de l'évêque de Mirepoix, qui prend la résolution d'aller l'aider dans ses labeurs apostoliques.

Il fait donner rendez-vous à Dominique, qui va l'attendre au lieu choisi.

Bientôt, celui-ci voit arriver un cortège brillant et demande de quoi il s'agit.

— C'est, lui répond-on, notre seigneur l'évêque, qui vient vers vous dans toute la pompe et tout l'appareil de sa dignité.

Aussitôt, Dominique va au-devant de l'évêque et lui dit d'un ton respectueux mais plein de fermeté :

---

(1) La ladrerie est une maladie contagieuse analogue à la lèpre. Ce cimetière porte encore aujourd'hui ce nom. (Bareille, *Hist. de l'Eglise.*)

— Mon seigneur et père, je vous le déclare, ce n'est point en cet équipage mondain et magnifique qu'il convient de marcher au combat contre les enfants de l'orgueil.

« L'humilité, la patience, la piété, les exemples de vertu, voilà les armes et les instruments de la victoire contre les adversaires de la vérité, et non pas un faste orgueilleux et l'ostentation de la gloire mondaine.

» Si vous voulez marcher avec nous, armez-vous du zèle puisé dans la prière et, couverts du bouclier de l'humilité, marchons pieds nus contre Goliath.

— Vous avez raison, dit l'évêque, et je me rendrai à votre pieux avis.

Aussitôt, lui aussi, il renvoie sa suite et, retirant ses chaussures, marche résolument sans pompe et nu-pieds à la suite de l'apôtre.

Comme ils ignoraient la route qu'ils devaient prendre pour rejoindre leurs frères, Dominique, avisant un paysan qu'à ses discours il jugeait être un bon catholique, lui dit :

— Mon ami, vous qui êtes un serviteur de la vérité, voulez-vous nous conduire et nous servir de guide afin que nous arrivions en sûreté et plus promptement au lieu où nous allons ?

— Volontiers, dit le paysan, je connais des chemins de traverse, grâce auxquels vous serez pleinement satisfaits.

— Allons, dit l'évêque, et que Dieu vous bénisse comme nous vous bénissons nous-mêmes.

Ils partirent et bientôt arrivèrent à la lisière d'une forêt profonde et sauvage.

— En traversant ces bois, dit le paysan, notre chemin, quoique plus pénible peut-être, à travers des sentiers mal tracés, sera considérablement abrégé, néanmoins.

Sans défiance, les deux apôtres entrèrent avec lui dans les fourrés pleins de ronces, aux entrelacements inextricables et où bientôt on ne vit plus trace de sentiers.

Le paysan, chaussé de gros souliers, avançait sans trop
de difficulté, mais les deux missionnaires, qui n'avaient ni
bas ni chaussures, eurent bientôt leurs vêtements en lam-
beaux et les pieds et les jambes en sang et cruellement
déchirés par les épines.

Le paysan, tout en les encourageant d'une voix hypocrite, les regardait en dessous et à la dérobée d'un air mauvais, attendant que de leurs lèvres tombassent des paroles
de reproche et de colère.

Mais Dominique, au contraire, s'écria d'un ton allègre
et même joyeux :

— Ayons confiance au Seigneur! Il nous ménage certainement un éclatant triomphe, puisqu'il permet qu'avant
même d'aller au combat, notre sang efface nos péchés.

Le paysan, surpris de ce discours comme déjà il était
secrètement touché par les paroles de foi que Dominique ne
cessait d'adresser à son compagnon, s'arrêta tout à coup et,
se jetant à ses pieds, s'écria :

— Seigneurs, pardonnez-moi, je vous ai trompés indi-
gnement. Je suis un de ceux contre les idées desquels vous
prêchez avec un zèle infatigable ; mais vos paroles, vos
exemples ont touché mon cœur. J'abjure l'hérésie devant
vous, absolvez-moi. Je vais vous remettre dans la bonne
route.

Dominique l'embrassa et les deux apôtres lui accordèrent
l'absolution et un généreux pardon.

Bientôt après, en effet, remis dans le bon chemin par
leur guide, naguère infidèle et maintenant converti, ils attei-
gnirent en peu de temps et sans encombre le lieu du
rendez-vous.

La prédiction de Dominique s'accomplit alors. Le résultat de la mission dépassa les espérances, les hérésiarques
furent pleinement confondus et leur confusion fut suivie
d'un grand nombre de conversions parmi leurs partisans.

A Carcassonne, un autre apôtre évangélisait les foules, prêchant en plein vent et dans la campagne, aux hérétiques paysans occupés à faire la moisson. C'était Gui, abbé de Cernay.

Quelques-uns l'écoutaient, la plupart le raillaient.

Ses auditeurs, de temps en temps, l'interrompaient et lui jetaient à la face leurs blasphèmes et leurs arguments favoris parmi lesquels la phrase chère au manichéen Raymond, comte de Toulouse :

— Ne savez-vous pas que Dieu est si loin de nous qu'il n'a jamais visité ce monde fait par le diable dont vous êtes les serviteurs, vous et tous les papistes, qui irez avec lui à la damnation éternelle, quand le pape, qui est l'antéchrist, aura été chassé de Rome, cette Babylone infâme qui est ivre du sang des saints !

— Quoi ! s'écria Gui, alors même que vous vous occupez à récolter ces fruits de la terre que vous tenez de la bonté de Dieu, vous proférez de semblables blasphèmes ! Est-ce donc le diable qui a fait le blé qui vous nourrit et entretient votre vie ? Rendez gloire à Dieu, plutôt, qui a tout fait par son Verbe tout-puissant, Dieu de Dieu et Lumière de Lumière.

« Ne savez-vous pas que le Verbe de Dieu a fait les mondes, les gouverne, les conserve et les sustente ? Ne savez-vous pas que ce blé même qui sera transformé en pain et ainsi sera offert sur l'autel, deviendra le corps mystique du Seigneur qui y résidera mystiquement tout entier avec son corps, son sang, son âme et sa divinité ? Etes-vous sûrs que le sang rédempteur n'est pas même caché dans ce blé que vous coupez en ce moment, et que diriez-vous si ses tiges se mettaient à saigner entre vos mains ? »

L'apôtre avait à peine dit ces paroles qu'un frémissement universel saisit les moissonneurs, et leurs yeux dilatés s'élargirent à la vue d'un étonnant prodige.

Sous le tranchant de leurs faucilles, de la paille même

qu'ils coupaient, se mit à suinter du sang, et leurs faucilles,
et la paille, et la terre, et leurs mains, en étaient rougies.

A cette vue, là aussi, un grand nombre se convertit
laissant les plus endurcis attribuer le prodige au diable et à
la magie.

A cette époque, les prédications en plein air et en plein
vent étaient fréquentes et tout à fait dans les mœurs, soit
dans les cités, soit dans les campagnes.

Souvent aussi, ces prédications et ces conférences étaient
de véritables controverses où chacun pouvait exposer ses
idées, et elles donnaient lieu à de véritables tournois ora-
toires entre les prédicateurs et les dissidents hérétiques ou
schismatiques.

Ce fut ainsi que l'évêque Diego d'Osma soutint une rude
controverse à Montréal contre l'hérésiarque Arnaud d'Othon
qui, comme la plupart de ses pareils, accusait l'Eglise
Romaine d'être l'Eglise du diable, ayant pour doctrine, la
doctrine des démons.

Elle était, disait-il, cette Babylone que saint Jean, dans
l'Apocalypse, appelle mère des abominations, ivre du sang
des saints et des martyrs; sa constitution n'était ni bonne ni
fondée par le Seigneur Jésus-Christ; jamais, ni le Christ, ni
les Apôtres n'avaient, disaient-ils, institué la messe telle
qu'on la célèbre aujourd'hui; les saints de l'ancien Testament
étaient voués aux flammes éternelles et, sous la loi nouvelle,
il ne pouvait y avoir de salut en dehors de la croyance des
Albigeois.[1]

— Honte et douleur, s'écrie un chroniqueur catholique
de l'époque,[2] la dignité de l'Eglise et de la foi catholique était

(1) Selon Guill. du Puy laurens, qui nous a conservé les grandes lignes de cette
thèse d'Arnould d'Othon, (cité par Bareille.)

(2) *Ibid.*

tombée si bas entre chrétiens, qu'il fallait s'en remettre au jugement des laïques sur ces monstrueux blasphèmes!

Les apôtres catholiques, en effet, s'en tenaient alors à en appeler au cœur, au sentiment, au jugement et à l'intelligence de leurs auditeurs, pour obtenir d'eux leur retour franc et sincère à la vérité; ils estimaient encore que la vérité ne s'impose jamais efficacement au cœur et à l'esprit par la force, dont l'emploi provoque toujours tôt ou tard de violentes réactions, qu'elles soient secrètes ou publiques.

Et, plus tard, lorsque l'Eglise en viendra à employer la force des armes de la guerre et des armes juridiques pour imposer la vérité, rechercher et détruire l'erreur, ce sera par une de ces nécessités extrêmes auxquelles, souvent, on est forcé de sacrifier, pour conserver sa propre vie et la vie de son œuvre.

Du reste, l'abus en sera condamné par bien des hommes éclairés et les papes ne seront pas les derniers à protester contre les horreurs qui accompagnent inévitablement l'usage de la force, qui devient toujours excessif et injuste entre les mains des hommes, parce que, chez les meilleurs, le senti ment du devoir de leur charge prend facilement des proportions atroces, et que chez les moins bons et chez les pires, l'intérêt individuel et la passion sont, la plupart du temps, en jeu, et cherchent à bénéficier et à profiter des rigueurs même de la loi pour leur propre avantage, souvent injuste.

Mais ce qu'il y a de plus terrible en ces choses, c'est qu'elles pèsent d'un poids écrasant sur un avenir qui est inévitablement l'écho du passé. C'est que le triomphe de l'Eglise par la force se manifestera surtout à l'extérieur, et fera plutôt de craintifs hypocrites que de vrais croyants.

Au fond du cœur de ses ennemis, réduits par la violence, couvera en silence une haine éternelle, que se transmettront leurs générations comme un sanglant héritage et un mot d'ordre de vengeance.

Le temps passera, la société se modifiera dans ses idées, dans ses usages, dans ses mœurs et dans ses lois, l'Eglise restera, mais elle aura toujours devant elle un spectre haineux qui ira grandissant et prenant de la force.

Au temps où elle a lutté avec le glaive et le feu contre ses ennemis, elle avait pour ennemis des individus ou de petites collectivités qui se fussent dévorées entre elles, puisque l'hérésie n'a pas d'unité et que son caractère, contrairement à celui de l'Eglise véritable, est d'avoir autant de têtes que de personnes, tandis qu'un temps viendra où elle aura contre elle des sociétés entières que, sans le vouloir, elle aura unifiées dans l'unité d'un même et féroce sentiment : la vengeance implacable.[1]

(1) De nos jours, en effet, le principal argumennt employé contre l Eglise par ceux qui sont coalisés pour sa ruine, que Dieu ne permettra pas, d'ailleurs, parce que l'Eglise est nécessaire au monde, est celui-là et non un autre.

Les ennemis de l'Eglise nous jettent sans cesse à la face les mots de guerres de religion, d'inquisition, d'intolérance, de tortures, etc., etc. Hélas ! mais ces hommes oublient une chose importante, c'est qu'il faut toujours tenir compte des époques et des circonstances si l'on veut porter un jugement exempt de passion, ce qui doit être le désir de tout homme sage et sensé.

Nous ne croyons pas qu'il soit possible de justifier la violence en matière de foi. C'est même aujourd'hui une question de savoir si, en matière de droit commun, il est bien sage de tuer les criminels pour leur apprendre à vivre ; car la Société, quand elle est bien organisée, doit avoir des moyens plus logiques d'améliorer ses membres que celui qui consiste à les supprimer, ce qui est de droit, toutefois, mais de droit barbare, ce que l'on tend, d'ailleurs, à reconnaître presqu'unanimement aujourd'hui. Retrancher n'est pas éduquer, hélas ! or, l'éducation est le devoir d'une société bien organisée, afin que tous ses membres lui soient utiles.

Au moyen âge, l'Eglise et la société étaient une seule et même chose, voilà ce qu'il ne faut pas oublier ; la Société vivait uniquement de la vie que lui donnait l'Eglise, et la destruction de l'Eglise eut infailliblement amené celle de la Société. Voilà ce qu'il faut savoir avant de blâmer l'Eglise de l'emploi du « bras séculier » pour défendre les principes de la sociologie chrétienne dont elle a le dépôt.

Du reste, en face de l'échafaud de 1793, et des fusillades de la Commune, en face même de l'athéisme sociologique et coercitif des temps modernes, il est véritablement singulier, remarquons-le, de reprocher à l'Eglise des violences qui ne sont

Il s'était lancé dans la brillante et aventureuse carrière des Troubadours.
(P. 68.)

Cependant, la vie déroule les faits de l'histoire, et les acteurs de cette vaste scène agissent comme certainement auraient agi à leur place ceux qui, plus tard, les jugeront avec sévérité.

Est-ce la faute de l'Eglise et de son principe divin, si la société dans laquelle elle annonçait et organisait le règne de l'Evangile était si au-dessous de l'Evangile, que le reflet divin de l'Evangile a été éclaboussé de tant de brutalité dans ces luttes épiques?

Diego d'Osma ne convainquit point, cette fois, l'hérésiarque Arnaud d'Othon; quelques-uns de ses auditeurs seulement revinrent à la saine doctrine.

L'évêque espagnol résolut alors de regagner son siège où l'appelaient les devoirs de son état; il prit congé en pleurant de Dominique et des autres missionnaires, puis il partit.

Dominique continua sans lui l'œuvre commencée et poursuivie au milieu de tant de labeurs et de difficultés.

Il devait être redoutable aux hérétiques, car ceux-ci ourdirent en secret un complot pour le faire mourir.

Dominique en fut averti et leur dit :

— Vous ne réussirez pas de sitôt dans votre projet, car je ne suis pas encore digne du martyre et n'ai pas encore mérité ce sort glorieux.

De nombreux pièges néanmoins lui furent tendus. Dominique, dès qu'il en avait connaissance, y courait en chantant des psaumes et les traversait toujours sans mal.

Les hérétiques étaient stupéfaits de cette héroïque confiance. Ils le furent bien plus encore lorsqu'ayant dit à Dominique :

pas dans ses principes et sont, la plupart du temps, le fait d'hommes et d'époques que le Christ jugera seul, avec poids et mesure, au grand et redoutable jour du jugement éternel.

— Voudriez-vous nous faire accroire que vous n'avez aucune crainte de la mort? Qu'auriez-vous fait si vous étiez tombé entre nos mains?

Ils reçurent cette surprenante réponse :

— Je vous aurais suppliés de ne pas me tuer sur le coup, de ne pas m'infliger un supplice qui m'eut promptement arraché le dernier soupir, vous conjurant de mettre sous mes yeux, à divers intervalles, chacun de mes membres, puis de crever mes yeux et de laisser mon tronc mutilé expirer en se roulant dans son sang ou de lui donner la mort à loisir.[1]

N'y avait-il pas, dans ces paroles, comme un avant-goût des tragiques horreurs vers lesquelles marchera bientôt cette société et qu'elle regardera, d'ailleurs, d'un cœur tranquille et comme des choses ordinaires.

Avant de repartir pour l'Espagne, l'évêque d'Osma avait aidé Dominique, son disciple, à fonder le monastère de la Prouille destiné à abriter contre les fureurs des hérétiques, les nouveaux convertis.

Cette œuvre devait être protégée par l'évêque de Toulouse, l'archevêque de Narbonne et tous les catholiques du midi qui contribuèrent à son établissement par des dons souvent importants.

A peine de retour dans sa ville d'Osma, après deux ans de travaux apostoliques contre l'hérésie, l'évêque Diego rendait son âme à Dieu.[2]

Tous ces travaux et cet apostolat laborieux ne s'étaient pas exécutés sans qu'un concile régional se fut réuni à Montpellier[3], dans le but d'examiner le mal et de prendre toutes les mesures nécessaires pour le combattre.

(1) Jordan, vie de S. Dominique.
(2) Le 6 février 1208.
(3) En 1205.

D'autre part, le pape Innocent III avait chaleureusement appuyé cette tentative des moines de Citeaux et de Dominique, pour convertir les Albigeois seulement à l'aide de la prédication.[1]

Mais devant l'étendue du mal et ses excès, le pape allait bientôt changer d'avis et en ordonner la répression énergique.

(1) La preuve en est notamment dans une lettre qu'Innocent écrivit à ce sujet en 1206 à son légat Raoul de Fontfroide. (Innocent III, Ep., ix, 19).

VI

LA PLAIE VIVE.

Il ne s'agissait plus déjà d'un bouleversement religieux, il s'agissait, en effet, d'une révolution sociale, d'un cataclysme universel, qui s'élaborait dans l'ombre et menaçait d'éclater bientôt au grand jour, d'ébranler l'édifice social tout entier et d'ensevelir l'Europe chrétienne sous ses ruines.

Une véritable et formidable anarchie se préparait. Ses instruments allaient être ces sectaires dont le dogme principal et fondamental était un dogme de mort : le dualisme antagoniste en Dieu lui-même !

Du chaos de leurs idées multiples et innombrables, dont il est impossible même de donner un aperçu d'ensemble qui ait un aspect synoptique, n'émergeait qu'une seule idée qui fût commune à tous.

Tous s'entendaient, en effet, à reconnaître et à proclamer que le formateur du monde matériel est différent du formateur du monde spirituel ou invisible.

Tandis que celui-ci, disaient-ils, doit sa formation à Dieu qui est le principe du Bien, notre monde matériel doit la sienne au diable qui est le principe du mal.

Jusqu'ici, toute la terre a été livrée au principe du mal,

c'est à dire au diable et à ses agents. A la tête de ceux-ci est
le pape, qui n'est autre que l'antéchrist.

Les sectaires niaient tous les sacrements et le pouvoir
divin du sacerdoce. Le culte extérieur, ils le proclamaient
une absurde comédie; l'autel était un monument de la
superstition; l'église un simple bâtiment profane; la croix
un signe odieux; les images des saints, autant d'idoles; les
couvents une insulte à l'humanité; les cloches, des instruments bruyants, dont le son est dénué de sens, de véritables
trompettes du diable; la prédication un enseignement
d'erreurs; l'Eglise catholique une caverne de brigands, la
prostituée de l'Apocalypse.

Avec de pareilles doctrines, on se rend aisément compte
de l'effrayante dépravation des mœurs de ceux qui les
professaient.

Une telle perversion intellectuelle conduisait, en effet, à
toutes les monstruosités.

La logique même du mal est, ici, la garantie de l'histoire et la loi psychologique veut qu'au delà de certaines
limites, la barbarie succède à la démonstration et l'accompagne; quand l'homme tombe dans les bas-fonds du sensua-
lisme, il est fatalement conduit à verser le sang.

La corruption affectait des formes différentes selon les
sectes variées,

Les Catharéens étaient surtout des doctrinaires qui
représentaient la négation dogmatique, ils procédaient
d'Arius et des gnostiques, dont les idées semblent avoir
toujours infecté cette ville de Toulouse où les Visigoths
ariens avaient établi leur capitale malgré les victoires catholiques de Clovis.

Les Pataréens représentaient plus directement le sen-
sualisme oriental et la perversion morale; leur principal
foyer était dans le nord de l'Italie, où le mal était venu
s'implanter en passant des Byzantins aux Bulgares.

Les Manichéens pullulaient à Milan où leur présence et leur action avaient déjà terni le brillant passé de la glorieuse cité lombarde en trompant ses destinées.

La contagion avait gagné aussi les provinces pontificales et les Etats de l'Eglise; elle régnait à Viterbe, tyrannisait Orviéto et, dans cette dernière ville, un envoyé du pape pour y rétablir son autorité méprisée, avait été saisi et martyrisé par les hérétiques.

Les Vaudois étaient les moins corrompus, mais non les moins dangereux dans la vaste conspiration albigeoise, à cause même de cette santé relative.

Leurs débuts, d'ailleurs, avaient été nobles.

Ils étaient partis d'un généreux élan vers l'abnégation évangélique et la pauvreté chrétienne. Mais, comme tous les exaltés, ils avaient dépassé la mesure et le but, glissé dans le matérialisme et dans la révolte, augmentant les forces des autres sectes hérétiques dans lesquelles ils avaient versé, sauf quelques-uns qui, épouvantés de la profondeur de l'abîme ouvert sous leurs pas, étaient revenus au catholicisme.

C'était par des doctrines subtiles et alléchantes qu'ils travaillaient les esprits, d'abord dans des réunions secrètes, avant de les exposer au grand jour.

Les propositions les plus orthodoxes devenaient hétérodoxes par la façon dont ils les accommodaient pour les faire cadrer avec leur système de renversement du dogme catholique.

La Trinité, l'Incarnation et la Rédemption disparaissaient; l'immortalité de l'âme n'était plus qu'un mythe, c'était à peine si quelques-uns, effrayés de ce néantisme qui devenait le partage de l'être humain après la mort, y substituaient de vagues idées de métempsychose.

A la faveur de cette confusion dans les idées, se levaient de tous côtés des docteurs plus ou moins inspirés qui s'annonçaient comme les prophètes du règne du Saint-Esprit.

L'un d'eux fut Alméric qui, dénoncé par l'Université, alarmée de sa doctrine, fut mandé à Rome par Innocent III, qui l'entendit et l'obligea à rétracter ses erreurs.

L'illuminé finit par y consentir, mais condamné à renouveler à Paris même l'acte de soumission qu'il venait d'accomplir à Rome, il en ressentit un tel chagrin qu'il tomba malade et mourut.

La doctrine d'Alméric ne périt pas avec lui. Il avait fait des disciples qui la reprirent.

L'un d'eux, David de Dinan, la dégagea même complètement des derniers voiles dont son maître, par un reste de timidité, l'avait tenue enveloppée, et déclara formellement que, selon cet enseignement, l'âme humaine pouvant, par la contemplation, s'unir à l'essence divine, ainsi divinisée dès cette vie même, il n'y avait dès lors plus pour elle, sur la terre, aucune distinction à faire entre le vice et la vertu, qui lui devenaient également indifférents.

Les « parfaits » pouvaient pécher à loisir : le péché et le mal n'étaient pour eux que des mots vides de sens.

Ces docteurs, presque tous sortis de l'Université, avaient la manie de dogmatiser et de faire de la théologie.

L'un d'eux, nommé Simon, originaire de Tournay ou de Churnai,[1] qui avait jadis professé les arts et les sciences, s'était aussi lancé dans la théologie.

Son éloquence était grande et devait l'entraîner à un orgueil dont il allait être puni cruellement.

Un jour, au milieu d'une nombreuse et attentive assemblée, il avait, dans un discours éblouissant, établi avec des arguments magnifiques, la vérité du Christianisme.

Les auditeurs, enthousiasmés, s'approchèrent de sa chaire et lui dirent :

— Illustre maître, nous vous conjurons de nous répéter

____

(1) On n'est pas fixé sur le lieu d'origine de ce docteur hérétique.

votre merveilleuse leçon et de nous la dicter, car les paroles s'envolent et la perte d'un pareil chef-d'œuvre serait irréparable.

Simon leva, alors, les yeux au ciel, et sur ses lèvres parut un sourire plein d'une ironie et d'un dédain profond.

Un instant, il resta silencieux, et enfin, il laissa tomber ces paroles, qu'il ne devait pas achever :

— O Jésus! pauvre Jésus! Si je voulais attaquer maintenant ta doctrine, qu'il me serait aisé de la renverser aussi facilement et mieux encore que je ne l'ai démontrée. Par ma science, en effet, je puis à mon gré...

Soudain, il pâlit, s'arrêta, et dans ses yeux parut un égarement profond.

Frappé de mutisme et de stupeur, il descendit en chancelant de sa chaire, pour n'y plus jamais remonter.

Dès lors, sombré dans un complet idiotisme, il n'inspira plus que la pitié et le mépris.

Tombé dans l'enfance et privé même de la mémoire des choses les plus simples, il dut réapprendre comme un enfant les paroles de l'Oraison dominicale et du Symbole des Apôtres, que lui répétait assidûment son fils, et encore ne les récitait-il qu'avec incertitude et en balbutiant.[1]

L'infortuné, qui avait jadis su par cœur le traité de Boèce sur la Trinité, ne se souvenait même plus du nom de l'auteur.

Tels étaient quelques-uns des coryphées de l'hérésie déchaînée sous toutes ses formes.

Ces apôtres de l'erreur ne négligeaient rien pour faire des prosélytes.

Ils s'introduisaient dans les familles sous les dehors de

---

(1) Cette histoire est rapportée par Mathieu Paris, qui assure la tenir d'un témoin oculaire devenu plus tard évêque, et par Thomas de Cantimpré. Ces chroniqueurs s'entendent plutôt, d'ailleurs, sur le fond du récit que sur la forme.

la piété, se donnant comme les plus purs missionnaires du véritable Evangile, parlant un langage habile et obscur qui séduisait les âmes simples, feignant le mysticisme et l'inspiration, et se donnant l'air d'avoir des communications avec le ciel.

Vis-à-vis des seigneurs, leur méthode était plus franche et plus nette.

Ils leur annonçaient le règne de leurs passions et l'heure où ils pourraient s'y livrer en toute sécurité, après avoir rompu leurs liens avec l'Eglise, pris ses biens et anéanti sa puissance.

La plupart de ces tyrans féodaux, encore barbares, n'en demandaient pas plus et, aussitôt, étaient gagnés à l'hérésie.

A leur tête marchait Raymond VI, comte de Toulouse, qui, pourtant, était fils de Raymond V, qui avait naguère été si dévoué à l'Eglise et s'était montré si haineux contre les Albigeois. Sa mère était Constance, sœur du roi Louis VII, de sorte qu'il était le parent du roi de France, Philippe-Auguste.

Cependant, dès son avènement, qui avait eu lieu en 1194, l'hérésie avait trouvé auprès de lui une telle protection, qu'elle s'était rapidement propagée dans ses Etats.

Il n'était pas le seul parmi les puissants qui se tournait contre l'Eglise.

Raymond Roger, vicomte de Béziers et seigneur de Carcassonne; Gaston VI, vicomte de Béarn, descendant des anciens ducs de Gascogne sous les Mérovingiens; Bernard VI, comte de Comminges; Géraud IV, comte d'Armagnac, qui avait toujours persécuté les évêques; Raymond Roger, comte de Foix, ennemi acharné du catholicisme, marchaient à sa suite.

Hélas! des prêtres même, désertant le troupeau confié à leur garde, étaient passés dans les rangs des hérétiques, et parmi les évêques, un certain nombre manquait totalement des vertus nécessaires en d'aussi critiques circonstances.

Plusieurs d'entre eux même, intrus scandaleux et simoniaques notoires, se voyaient avertis par les légats et enfin déposés par le pape ou obligés à se démettre de leurs fonctions épiscopales.

Il en était, cependant, sur lesquels on pouvait compter, tel le célèbre Foulques de Marseille, qui devait jouer un rôle important dans cette lutte contre l'hérésie albigeoise.

Foulques avait eu une vie mouvementée.

Fils de commerçants enrichis, sa première vocation l'avait entraîné vers la poésie et, désertant le comptoir paternel, il s'était lancé dans la brillante et aventureuse carrière des troubadours.

De grandes déceptions l'y attendaient, que ne compensèrent point les lauriers ni les applaudissements recueillis.

Il avait visité les cours de Richard d'Angleterre, d'Alphonse d'Aragon, de Raymond V de Toulouse, de Guillaume de Montpellier, chantant ses poésies de château en château.

Pendant ce temps-là, la mort faisait autour de lui des vides irréparables et profonds.

A la fin, pris d'une tristesse et d'un dégoût immenses, il sentit s'éveiller en lui la vocation religieuse qui gagna aussi ses deux fils.

Tous trois, ils s'en furent frapper à la porte du monastère cistercien de Toronelle et s'y ensevelirent dans la solitude du cloître.

Bientôt, à l'unanimité, ses frères l'élevèrent à la dignité abbatiale.

Peu de temps après, il était promu à l'évêché de Toulouse, où il devait se montrer à la hauteur de sa tâche et des circonstances difficiles avec lesquelles il était aux prises, dans ces provinces particulièrement infectées par l'hérésie.

Tout d'abord, Foulques se montra d'un zèle et d'une vigueur excessifs.

Mais cette vigueur était nécessaire et ne se démentit pas.

Toutes ses prédications respiraient l'amour des âmes, le sentiment de la foi et le souci de la discipline.

Le légat Pierre de Castelnau, apprenant sa promotion, avait levé les mains au ciel et s'était écrié :

— Bénissons Dieu d'avoir donné, dans la personne de Foulques, un vrai pasteur à son peuple !

Intrépide, Foulques bravait tous les obstacles et tous les dangers. La plupart du temps hors de sa demeure, il se faisait défendre, dans ses courses apostoliques, par les seigneurs catholiques, qui le protégeaient contre la fureur des hérétiques et les embûches du comte de Toulouse.[1]

Telle était la triste situation du midi de la France ; de toutes ces provinces, il n'y en avait, pour ainsi dire, qu'une, la province de Montpellier, dont le comte fut un ennemi déclaré de l'hérésie et des hérétiques, dont la force s'accroissant de jour en jour allait inévitablement provoquer la guerre.

(1) D'après Bareille. *Hist. de l'Eglise.*

VII

LA LUMIÈRE CHRÉTIENNE.

On ne concevrait pas que des erreurs aussi monstrueuses que celle du manichéisme aient pu se produire et avoir des adeptes, si l'on n'en connaissait pas la vraie source, qui est dans l'ignorance et dans la misère.

L'homme a dans sa nature l'appétit légitime du bien et du bonheur. La foule n'est pas compétente pour comprendre les grands problèmes de la vie, sur lesquels ont, de tout temps, pâli tous les sages et se sont exercées toutes les élites intellectuelles; elle ne voit que les apparences et imagine naturellement des causes semblables aux effets qu'elle constate; tout effet bon a, pour elle, une cause bonne, tout effet mauvais a une cause mauvaise, et de tout temps les idolâtres grossiers ont conclu, sinon à deux principes ennemis, l'un du bien, l'autre du mal, du moins à des divinités bienfaisantes et à des divinités malfaisantes, et l'histoire des cultes païens nous montre des sacrifices institués pour honorer les unes par reconnaissance et les autres par terreur.

De nos jours encore, le manichéisme a des adeptes plus ou moins déguisés et plus ou moins conscients, non seulement dans le vulgaire, mais jusque dans des sphères intellectuelles, où l'on s'attendrait le moins à les rencontrer.

C'est donc un grand service à rendre à ceux qui ont assez d'intelligence pour réfléchir et comprendre, que de leur dire que précisément la doctrine chrétienne a résolu ce problème et qu'il n'y a qu'à s'éclairer à son antique lumière.

Le prince des théologiens, saint Denys l'Aréopagite, dans ses œuvres admirables, qui furent le berceau et la source de toute la théologie dans l'Eglise, a magnifiquement traité ce sujet, profond et difficile, mais que l'on peut, cependant, mettre à la portée de beaucoup d'esprits droits, pour leur instruction et leur consolation.

Ce grand maître de la théologie pose en principe qu'il n'y a pas de division dans les œuvres universelles de Dieu, que tout est une seule harmonie distribuée en hiérarchies admirablement providentielles, à travers lesquelles circule la vie, qui vient de Dieu, anime les êtres à tous les degrés de sa manifestation et les entraîne avec elle vers Dieu qui est leur principe et leur fin.

La force de cette vie qui circule ainsi, c'est la force même de l'amour de Dieu qui est l'Etre éternellement bon par essence et qui seul donne l'existence à ce qui ne l'a pas, et ce qui fait l'existence, c'est-à-dire le don de l'Etre, qui n'est autre chose que le don de lui-même, dans la mesure où la créature peut le recevoir et y participer.

Par conséquent, tout cela est le bien, et l'on ne peut pas concevoir que rien de cela contienne rien de mal.

Cependant, ce profond génie chrétien ne se dissimule pas qu'on peut lui faire observer que, néanmoins, nous avons la notion du mal, puisque nous souffrons et que ce qui nous fait souffrir est un mal, et que donc il y a là un problème à résoudre.

Ce problème n'effraie pas Denys l'Aréopagite, et il l'aborde de front.

D'où vient donc le mal, dit-il, si, non seulement tout ce

qui a l'existence et la vie, et même ce qui ne l'a pas aspire au Bon, au Beau, au Bien? Comment et pourquoi le mal existe-t-il, d'où tire-t-il son principe, pourquoi y a-t-il des méchants et des démons? Dieu a-t-il donc voulu le mal; a-t-il pu le vouloir? comment, alors, ne l'empêche-t-il pas, et, d'autre part, comment y a-t-il des êtres qui peuvent aimer le mal?

D'abord, le mal ne peut pas venir du bien, car tout ce qui vient du bien ne peut être que du bien. La nature du bien est de produire et de conserver, celle du mal est de corrompre et de détruire. Nous savons que le Bien c'est l'Etre, c'est Dieu, par conséquent comme c'est Dieu qui a fait tous les êtres et qu'ils viennent de lui seul, ils viennent du Bien parfait et en eux-mêmes ils sont bons. De plus, tous les êtres cherchent, à leur façon du moins, le bon, le beau et le bien, et il est évident qu'ils ne peuvent pas délibérément vouloir le mal, qui serait leur destruction.

Pourtant, on voit le mal s'opposer au bien partout, et même on peut croire à première vue qu'un mal est principe productif d'un autre mal, quand on voit des substances s'altérer et en engendrer d'autres de cette altération même, en apparence.

Mais la vérité est que le mal ne pouvant pas venir du bien ne peut être compris que comme étant absolument vide de bien; or, si le bien seul est l'Etre et la source des existences auxquelles il donne l'être, il est bien évident que le mal n'ayant pu en venir n'est rien par lui-même, c'est un pur néant en lui-même.

Cependant, comme le Bien, qui est l'Etre, est absolu et infini, et que les créatures qui ont été faites par lui et ont reçu de lui le bien de la vie, sont finies et bornées, relatives à ce Bien suprême et relatives entre elles, non seulement elles ne participent pas au Bien absolu d'une façon absolue, mais encore elles en sont inégalement dotées les unes par

rapport aux autres. Ce qui, en elles, donc, apparaît comme
un mal, n'est qu'une insuffisance de bien ; par conséquent le
mal se constate par une distinction, une comparaison entre
le bien et le moins bien. Donc le mal n'est pas plus une substance qu'il n'a d'essence, et il ne peut pas être dans les
substances, car toutes choses venant du bien, le mal ne
pourrait qu'en venir, et il est absurde de dire que le bien
peut produire quelque chose de contraire à sa nature propre
qui est l'excellence même.

Il ne peut pas y avoir non plus, comme le disent les
manichéens, deux principes absolus contraires l'un à l'autre
et en antagonisme, car un principe absolu est simple, impénétrable et indivisible ; de plus, l'harmonie universelle ne
peut pas être le fait d'une pareille anarchie, comme serait ce
dualisme, d'ailleurs absurde.

La dualité même, dont l'harmonie est la Trinité en Dieu,
a l'unité pour principe, et c'est toujours à l'éternel principe
de l'unité qu'il faut nécessairement remonter, parce qu'il est
nécessaire que le principe soit un et simple.

Donc le mal, qui n'est ni essence ni substance, n'est ni
dans les substances ni dans les essences, ni en Dieu avec
qui il n'a rien de commun, l'essence même de Dieu étant le
Bien absolu ; le mal n'étant pas en Dieu, ne peut donc en
venir, ni absolument ni accidentellement.

Le mal n'est pas dans les intelligences célestes, qui sont
de purs miroirs de la divine Bonté, ses organes d'expression
et ses ministres ; il n'est même pas dans la nature des
démons, car leur existence vient de l'Etre qui est le Bien, et
par le fait qu'ils la conservent et gardent un rang parmi les
êtres, quoique déchus d'un rang plus sublime, ils ne sont pas
radicalement mauvais, car s'ils l'étaient, ils ne subsisteraient
pas, se détruiraient entre eux et détruiraient les êtres ; ce
qui n'est pas. Ils altèrent, cependant, les substances ; c'est
vrai, mais ils ne les altèrent que dans ce qu'elles ont d'alté-

rable, mais ils n'altèrent pas la nature et l'essence des substances, qui sont inaltérables. Du reste, ces altérations ne
sont pas à proprement parler un mal, car elles font partie
de l'ordre des choses, et si elles étaient des destructions
absolues, cette destruction entraînerait celle du mal lui-
même. Si les démons sont mauvais, ce n'est que parce que
leur volonté est pervertie; ils ne sont mauvais que dans la
proportion où le bien leur manque, et dans leurs passions.

Mais encore les passions, même fortes, ne sont pas en
elles-mêmes mauvaises; elles sont un mal chez quelques
êtres en qui elles sont trop violentes, et un autre mal chez
d'autres en qui elles sont trop faibles ou absentes; enfin,
nous voyons les démons exister et être protégés précisément
par ces passions; chez eux, le mal est donc tout négatif; il
consiste en ce qu'ils sont privés de la plénitude originelle du
Bien et qu'ils désirent comme un bien ce qui n'est pas le
véritable Bien divin.

Pour les mêmes raisons, le mal n'est pas non plus dans
les âmes d'une autre manière que comme absence ou défaite
du bien; c'est de l'ombre produite par une éclipse de la
lumière ou son absence.

Les bêtes brutales ne sont pas mauvaises en elles-mêmes
non plus; ce sont des natures imparfaites, assurément; mais
l'imperfection n'est pas un mal positif, puisqu'elle tend au
perfectionnement par l'évolution de la vie; ces natures infé-
rieures se conservent elles-mêmes, ce qui est le fait du bien,
et si elles ne sortent pas de leurs instincts et facultés, c'est
précisément parce que leur nature ne le pourrait pas sans se
détruire elle-même.

Le mal n'est donc pas quelque chose qui existerait par
soi même dans la nature; mais comme chaque être a son
essence propre, ses qualités particulières, sa manière d'être
personnelle, et cherche naturellement à vivre selon sa nature
même, il arrive qu'il souffre et périclite parce que d'autres

êtres de nature différente luttent en même temps que lui pour arriver aux mêmes fins.

Le mal n'est pas dans les corps, ils souffrent seulement d'un état incomplet du bien ; il ne vient pas du corps dans l'âme, puisque des êtres sans corps peuvent éprouver le mal ; encore une fois, le mal consiste dans l'absence plus ou moins complète, dans les êtres, du bien qui est leur essence originelle et finale.

Les manichéens disent que la matière est mauvaise. Est-ce possible ? Il y en a qui ont nié l'existence de la matière ; alors, en ce cas, si elle n'existe pas, elle n'est ni bonne ni mauvaise ; mais si elle existe, elle vient nécessairement du Bien qui lui a donné l'être ; et du bien seul, puisque nous avons vu qu'il est impossible qu'il y ait deux principes absolus, l'un bon l'autre mauvais, en lutte l'un contre l'autre ; or, rien de mal ne peut venir du bien. Si la matière est le complément nécessaire du monde, comme quelques-uns l'ont dit, elle ne peut être que bonne, parce que ce qui est nécessaire ne peut pas être mauvais. La matière alimente des êtres ; alimenter n'est pas un mal, c'est un bien, puisque l'alimentation entretient la vie. Il y en a qui disent qu'elle corrompt des êtres et les porte au mal ; mais ce n'est pas vrai en général ; donc la matière ne produit pas le mal, qui résulte seulement d'une fausse activité dans les êtres. Il y en a qui disent que la matière entraîne fatalement les êtres au mal parce qu'ils sont sous sa dépendance ; est-ce donc possible ? Non, certainement.

Le mal est l'absence du bien. Le bien vient de la perfection absolue ; le mal vient de toutes les imperfections. Dieu ne connaît pas le mal comme étant le mal ; pour Dieu, le mal n'est que du bien qui n'est pas réalisé selon sa propre vertu. Quant aux êtres, aucun ne peut désirer le mal pour lui-même, tous désirent le bien naturellement, parce que tout a pour origine le bien, et même ce qui est mauvais doit tendre

, à rentrer dans le bien. Ce que l'on appelle le mal n'est qu'un accident qui vient de ce que tout en cherchant le bien on ne le cherche pas selon sa vraie nature et sa véritable beauté divines, mais d'après des vues étroites et obscures, parce qu'elles sont la plupart du temps égoïstes et aveugles ; on cherche son propre bien personnel au détriment des autres et en dehors de la vraie lumière du divin Amour.

Donc le mal n'a pas d'existence réelle et consistante, il est tout à fait relatif et difficile à fixer, parce que parfois ce qui est un mal ici est un bien là et vice-versa. Il faut que chaque chose soit à sa place ; le mal est un désordre, une désharmonie, il est ce qui blesse la nature intime des êtres, dont la loi est dans leur essence, laquelle a pour loi l'essence du bien qui est elle-même l'essence divine.

Mais on demandera encore comment il se fait que Dieu permet le mal et pourquoi la divine Providence n'a pas rendu les êtres incapables de s'écarter des voies de la vertu et du bien.

Combien d'ignorants, hélas! parlent ainsi tous les jours, d'ignorants et même de soi-disant savants! Qui de nous n'a pas entendu cent fois et plus exprimer un tel avis!

Mais la loi même du Bien est la loi souveraine de la liberté, et précisément la Providence, qui est la Bonté et la Sagesse mêmes, veille à maintenir et à entretenir tous les êtres dans leur propre essence et par conséquent dans leur liberté, parce que c'est librement seulement que chacun peut être vraiment bon, à sa place et dans son ordre hiérarchique.

Et cependant, le mal est un désordre et il mérite une répression ; pourquoi et comment?

Nous avons vu que le mal n'est qu'un désordre, une absence du bien ; cela peut être le fait de l'ignorance des êtres, et alors ils n'en sont pas responsables ; mais quand ce désordre, chez eux, est volontaire et provient de leur connaissance, alors ils en sont responsables. Chaque être reçoit du bien ce qu'il est capable d'en recevoir pour le mettre en action, et ils sont responsables dans la mesure du don qui leur est ainsi fait et de l'emploi qu'ils en font selon leurs forces et leur connaissance. Si donc ils font servir ce bien au mal, c'est-à-dire au désordre, au lieu de l'employer à l'ordre selon leurs moyens, ils pèchent volontairement et ils sont responsables du mal qui en est la suite.

Mais tout vient du Souverain Bien et tout doit tendre vers le Souverain Bien qui est le principe et la fin de toutes choses ; le Souverain Bien est la seule et unique source de toutes choses, et de cette façon toutes choses sont bonnes ; jamais il n'est rien venu ni ne peut rien venir de mauvais du Souverain Bien, c'est lui qui donne le bien et le conserve, c'est lui qui répare ce qui est mauvais, et la volonté du bien est le salut de tous les êtres dans le Souverain Bien qui est Dieu.

C'est ainsi que saint Denys l'Aréopagite, dans ses œuvres admirables,[1] a confondu le manichéisme et toutes les erreurs qui peuvent en découler pour toujours.

(1) S. Denys l'Aréopagite, d'après le traité des *Noms divins*.

VIII

On se souvient que lors de sa visite en compagnie de Dominique, aux légats apostoliques, dans la bonne ville de Montpellier, Diego Azebedo, évêque d'Osma, avait dit cette phrase qu'aucun événement n'était encore venu vérifier :

— Le martyre est de tous les temps et de toutes les époques ; l'un de nous qui sommes ici, l'éprouvera bientôt, probablement.

Or, sauf Diego qui avait rendu paisiblement et saintement son âme à Dieu, dans sa ville épiscopale même, qu'il avait regagnée à temps pour aller s'y endormir du grand sommeil de la mort, tous les témoins de cette scène étaient vivants et saufs.

Dominique lui-même, qui désirait passionnément le martyre et l'avait cherché partout, ne l'avait pas trouvé.

L'un des légats, Pierre de Castelnau, avait fait une maladie qui l'avait retenu au lit quelque temps, mais lui non plus n'était pas resté inactif.

Prévoyant que l'action des armes allait peut-être devenir imminente, il avait été avec ses compagnons en Provence, pour pacifier ce pays et obtenir le secours et l'aide des Provençaux contre les hérétiques de la Gaule narbonnaise.

A cet effet, Pierre de Castelnau avait formé une ligue offensive et défensive entre tous les seigneurs de Provence, et il était parvenu à y faire entrer Raymond de Toulouse.

Ce n'était pas de bon gré assurément que l'hérétique Raymond avait consenti à en faire partie.

Tout d'abord, il avait refusé hautement d'y adhérer de quelque manière que ce fut.

Mais lorsqu'il vit que la ligue était formée et que tous les seigneurs de Provence étaient prêts, à l'occasion, à marcher contre lui, il prit peur et accourut dire hypocritement au légat Pierre que, lui aussi, à l'exemple de ces seigneurs, contribuerait au soutien de la bonne cause.

Pierre de Castelnau qui avait de bonnes raisons de se défier de la bonne foi du comte Raymond, l'accueillit, mais exigea de lui qu'il s'engageât par serment à maintenir cette alliance et à s'y tenir fidèle.

Raymond n'était pas de ceux auxquels coûtent ni un serment ni sa violation.

Aussi, commença-t-il une interminable série de parjures de toutes sortes.

Pierre de Castelnau, cependant, ne cessait de lui rappeler ses promesses et les devoirs qu'elles comportaient.

Incessamment, il lui adressait avertissements sur avertissements, remontrances sur remontrances, n'obtenant que de nouvelles promesses, toujours réitérées et sans cesse violées.

Alors, le légat recourut contre le parjure Raymond aux censures ecclésiastiques et aux anathèmes.

Raymond de Toulouse, irrité, non pas tant de ces remontrances et de ces censures que d'avoir été obligé, pour sa sécurité, d'entrer dans cette ligue si contraire à ses sentiments, se prit d'une haine implacable contre le légat Pierre de Castelnau et médita une vengeance.

Frappé par une dernière censure, le comte de Toulouse

en parut plus profondément affecté encore que de toutes les précédentes, et il fit savoir au légat que, décidément, le repentir définitif se faisait jour dans son âme.

— Dieu, répondit le légat, ne veut pas la mort du pécheur mais sa conversion, afin qu'il soit sauvé et vive. Le comte Raymond, s'il se repent complètement et sincèrement obtiendra l'absolution de ses fautes.

— Il faut, lui envoya dire Raymond, que je vous voie, que je vous parle et que je confère avec vous à loisir, afin qu'il ne subsiste pas entre nous de malentendus, soit au point de vue de la doctrine, soit concernant notre alliance.

Il lui demandait en conséquence de venir passer, à Saint-Gilles, le temps nécessaire à cette conférence.

— Soit, répondit Pierre de Castelnau, je m'y rendrai avec mon vénérable frère et co-légat Raoul.

Et, en effet, ils s'y rendirent.

Le comte de Toulouse les accueillit avec des paroles pleines d'une chaleur hypocrite et entama aussitôt avec eux les premiers pourparlers.

Dès cette première conférence, il parut clair que l'on était d'accord, et Raymond demanda que l'on remit au lendemain la conclusion.

Le lendemain, tout était à recommencer, le comte de Toulouse avait réfléchi, disait-il, à des difficultés imprévues qui dérangeaient l'entente de la veille; il fallait de nouveau discuter.

Mais plus on conférait et plus il devenait évident que l'on n'arriverait jamais à rien.

— Partons, dit Raoul à Pierre de Castelnau, mon avis est que le comte Raymond avec sa perfidie ordinaire, a voulu nous attirer dans un piège. Fasse Dieu que nous en sortions sains et saufs.

Pierre de Castelnau, alors, se frappa le front comme frappé par un souvenir subit.

Puisse Dieu te pardonner comme je te pardonne moi-même. (P. 84.)

— Nous étions là, dit-il, tous les deux, lorsque le vénérable Diego d'Osma annonça le martyre de l'un de nous. Que la volonté de Dieu soit faite. Cependant la mansuétude a des bornes et la prudence exige que nous nous retirions. En effet, nous sommes plutôt tombés dans un piège. Disposons-nous à y échapper, s'il est encore temps. D'ailleurs, la comédie que joue le comte Raymond avec nous aurait déjà lassé les plus patients.

A la conférence suivante, Pierre de Castelnau refusa simplement d'entrer même en discussion et dit :

— Il est inutile, seigneur comte, de pousser plus loin ces disputes qui ne nous mèneront à rien de nouveau ni d'heureux pour la cause de la vérité, de la foi et de l'Église. Nous ne saurions, je le vois, nous entendre et, pour nous, convaincus de cette impossibilité, nous allons prendre congé de vous et quitter Saint-Gilles.

Raymond, alors, entra dans une violente colère et s'écria furieusement :

— Vous ne partirez pas! je saurai bien vous en empêcher. Prenez garde de sortir de Saint-Gilles sans mon consentement, car votre vie est en jeu. D'ailleurs je ferai si bien surveiller vos pas que je rendrai impossible votre départ soit par terre soit par eau!

Ce fut en vain que l'abbé de Saint-Gilles, les consuls et les bourgeois de la ville essayèrent d'apaiser le comte Raymond, il n'en devenait que plus furieux.

Par ses soins, en effet, toutes les issues furent gardées par des satellites en armes.

Les légats se recommandèrent à l'abbé, aux consuls et aux bourgeois, et les supplièrent de tenir la main à leur sécurité.

— Le comte Raymond, répondit l'abbé de Saint-Gilles, ressemble en ce moment à un fou furieux qui n'a plus même notion de sa dignité. Nous sauverons malgré lui son hon-

neur et vous partirez en sécurité, car nous vous donnerons
une escorte armée pour vous protéger.

Le jour même, en effet, les deux légats purent partir,
ainsi protégés par une véritable petite armée qui les conduisit jusqu'aux bords du Rhône.

Comme la nuit venait, ils s'arrêtèrent là et résolurent de
se reposer jusqu'au matin dans une hôtellerie.

Cependant, Raymond n'avait nullement renoncé à ses
projets de vengeance.

Voyant sa victime lui échapper, il avait chargé des
émissaires secrets de suivre les légats et de profiter de la
première occasion favorable pour le débarrasser de son
ennemi.

Les deux légats ne remarquèrent pas que des hommes
étrangers à leur escorte et inconnus d'eux, étaient, eux
aussi, entrés dans l'hôtellerie pour y passer la nuit.

Toutefois, ceux qui avaient reçu de l'abbé de Saint-Gilles,
des consuls et des bourgeois, mission de protéger les légats,
accomplirent si fidèlement leur tâche, même pendant la nuit,
que les satellites du comte de Toulouse ne purent mettre là
leur projet à exécution.

Dès que l'aurore se leva, les légats célébrèrent la messe,
puis ils se disposèrent à partir.

Déjà ils étaient sur les rives du Rhône et se préparaient à
traverser le fleuve, lorsque, soudain, un des inconnus qui
les avaient suivis à l'insu de tous, se précipita la lance à la
main sur Pierre de Castelnau lui portant, de son arme, un
coup mortel au bas des côtes.

Le légat s'affaissa entre les bras de son collègue et regardant son assassin avec miséricorde, lui dit :

— Puisse Dieu te pardonner comme je te pardonne
moi-même.

Mais le meurtrier, déjà, s'enfuyait à la faveur de l'étonnement de tous.

Désormais, on ne pouvait songer à continuer le voyage, car la blessure du légat était mortelle.

Il fallut revenir à l'hôtellerie et coucher le blessé qui, se rendant compte de son état désespéré, oubliait ses souffrances pour employer ses derniers instants à exhorter ses compagnons à continuer vaillamment l'œuvre de la conversion des hérétiques et de l'extirpation de leurs erreurs funestes.

Peu de temps après il expirait, martyr du fanatisme de Raymond de Toulouse.

La prédiction du saint évêque Diego était vérifiée.

IX

L'histoire de ces temps barbares est pleine d'attentats de
ce genre. Et cette histoire même contient un enseignement
singulier.

Rois, empereurs, seigneurs, à part quelques-uns qui
furent des hommes d'une intellectualité plus élevée et d'une
âme plus saine, semblent n'avoir qu'un but poursuivi par
tous les moyens : échapper au joug spirituel de l'Eglise, en
s'émancipant de façon à gagner l'omnipotence radicale dans
le domaine temporel et en absorbant l'autorité à leur profit.

L'autorité, il est vrai, eut parfois des exigences onéreuses
et plutôt mal comprises, puisque nous voyons et verrons,
même les rois et les empereurs les plus dévoués à l'Eglise,
s'opposer souvent aux empiètements exagérés de ses
représentants.

Mais comme, dans ces époques, on ne pouvait toucher à
aucune des choses de la société civile sans mettre en jeu
directement ou indirectement des ressorts spirituels faisant
intervenir plus ou moins les principes dogmatiques, à tort ou
à raison, il s'en suivait que l'Eglise devait toujours avoir, au
moins spirituellement, le dernier mot, puissamment retran-

chée qu'elle était derrière le système de remparts formidables
qui était formé par le mélange, solidement fait, du dogme
avec toutes ses conséquences morales, sociales et politiques.[1]

Cette discipline de fer, construite avec l'habileté romaine,
sagace à faire des blocs d'une solidité éternelle et des murailles inébranlables, était, certes, utile pour mener à bien
l'évolution sociale de cette barbarie toujours prête à retourner à son primitif et grossier chaos; mais elle donnait lieu,
aussi, à bien des abus, qui ont entraîné bien des révolutions
et bien des guerres civiles et religieuses.

Les deux sanctions terribles de cette discipline, en effet,
étaient, pour les puissants relevant de l'Eglise, l'excommunication redoutée qui les mettait hors de l'assemblée des
chrétiens, auxquels ils devenaient un objet d'horreur, sanction morale qui pouvait entraîner les catastrophes matérielles
les plus graves.

En effet, nous voyons maintes fois les pontifes, devant
l'insuffisance de l'excommunication, appeler la foudre et la
tempête, la guerre et la spoliation, les excès de la barbarie
même contre les réfractaires à sa régence, sur ceux qu'elle a
frappés. Or, cela est dans le caractère de l'Eglise et dans
l'esprit de sa fondation, assurément, et parce que précisément son sacerdoce est de Melchisédech, et dans l'ordre de la
succession des temps.

Melchisédech, en effet, au témoignage de saint Paul et
de traditions plus anciennes, est une magistrature dans
l'ordre même des choses de la création et de la vie du monde,
une magistrature de justice sévère et implacable, celle-là
même qui tient la clef de la vie et de la mort, du ciel et de

---

(1) De nos jours encore, ce mélange, qui est une des sauvegardes de l'intégrité
du corps ecclésial, fait qu'il est fort difficile de distinguer entre ses parties et que le
moindre débat même sur une question de simple discipline peut être considéré
comme intéressant le dogme.

l'enfer, magistrature redoutable qui, avant l'avènement du Christ, régnait, inexorable, dans les profondeurs du mystère et derrière le testament de la crainte.

Or, un des bienfaits de notre Rédemption, est que Dieu donna avec serment au Christ, Dieu et homme, cette magistrature complète, en l'établissant Pontife éternel selon l'ordre de Melchisédech, dans la justice, dans la paix et dans l'amour, avec toutes les attributions extrêmes de cette charge immense et de cet empire universel des choses. Si le Christ, investi de cet Ordre redoutable, n'était que Dieu, quel homme trouverait jamais grâce devant sa face; mais c'est parce qu'il est Homme et notre frère par la nature humaine, que, dans son Sacerdoce, l'amour et la miséricorde l'emportent toujours sur la rigueur et la vengeance.

Toutefois, il fut prophétisé de lui et de son Sacerdoce :

« Asseyez-vous à ma droite, jusqu'à ce que j'aie réduit vos ennemis à vous servir de marchepied.

» Au jour de la colère, vous briserez les rois, dans la force de Dieu, vous jugerez au milieu des nations et elles seront remplies de ruines; et sur la terre seront brisées les unes contre les autres, des têtes en grand nombre.[1] »

Le Christ a donc toute la magistrature de ce Roi mystérieux auquel Abraham donna, dans les temps prophétiques, la dîme des vaincus, qui la reçut et le bénit et ses générations en lui; et ainsi, Jean l'a vu, dans sa vision de Pathmos, assis sur le trône universel et disant : « Voici : j'ai la clef de la mort et de l'enfer et je renouvelle toutes choses.[2] »

Il entrait donc dans le sacerdoce même de l'Eglise, de remplir cette mission et de faire usage de l'épée à deux tranchants, dont l'un est de paix et l'autre de guerre.

Et de cela les raisons mystérieuses ne sauraient être

(1) Psaume 109.
(2) Apocalypse.

pleinement découvertes et, comme dit saint Paul : le lait
aux enfants, la viande aux hommes forts ; à ceux qui savent,
la science ; à ceux qui croient, la foi ; à tous la part de
lumière qu'ils sont capables de recevoir et de contempler.

Ainsi quand, en paraboles et en analogies, Jésus-Christ
exposait les mystères de son règne, il disait : « *qui potest
capere, capiat;* que celui-là entende, qui est capable de
comprendre. »

L'emploi de la rigueur par l'Eglise est donc une des
attributions du pouvoir qu'elle détient de source divine pour
la protection de sa vie et de celle de ses enfants contre ceux
qui mettent gravement en péril le règne spirituel du Christ
sur la terre, et l'usage en est légitime de ce chef même, dans
son domaine.

L'abus, il est vrai, confine aux limites de l'usage ; on vit
des seigneurs féodaux, soudards de race et évêques sans vocation et de nom seul, employer les armes spirituelles les plus
terribles pour satisfaire des rancunes ou des intérêts grossiers,
et là n'était plus le droit d'exercer ce terrible ministère,
qui est avant tout de pleine justice et de paix parfaite.

Le moyen âge doutait si peu de ce pouvoir de l'Eglise
que l'excommunication y est considérée comme le plus grand
des maux à cause de ses terribles conséquences.

Si quelques-uns de ceux qui en sont frappés paraissent
tout d'abord en rire et s'en moquer, au fond, leur âme est
frappée de terreur, car ils savent, par des exemples nombreux, qu'une pareille sentence émanant de l'Eglise peut
déchaîner contre eux, aussi bien les légions vengeresses des
démons que les hordes spoliatrices des barbares ou la
fureur de leurs ennemis toujours avides de s'augmenter de
leurs dépouilles.

Aussi, les voit-on, comme de grands enfants vicieux,
braver tour à tour ce pouvoir par toutes sortes de méfaits
plus ou moins rusés ou s'efforcer de l'apaiser quand sa ven-

geance est déchaînée, par toutes les concessions, fussent-elles les plus hypocrites et les plus menteuses.

Raymond de Toulouse ne devait pas faire exception à cette règle commune à tous les hommes de son époque.

A la nouvelle de l'assassinat de son légat, le pape Innocent III entra dans une grande colère, et immédiatement il fulmina l'anathème contre le coupable seigneur, délia ses sujets du serment de fidélité qu'ils lui avaient juré et livra ses terres et ses domaines à l'invasion libre de ses ennemis.[1]

Un seigneur contre lequel était prononcée une pareille sentence était perdu, il le savait, livré comme une proie à toutes les avidités qui voulaient se partager ses biens, victime offerte même à l'insurrection de ses propres sujets.

Mais le pape allait plus loin encore, il organisait contre lui et les hérétiques de ses provinces une véritable croisade armée, offrant à ceux qui y participeraient, des avantages spirituels aussi grands que ceux qui, jadis, l'avaient été aux défenseurs et aux libérateurs volontaires de la Terre-Sainte et du tombeau du Christ.

En apprenant cette nouvelle, Raymond fut rempli de terreur, surtout lorsqu'il sut, en outre, que les évêques, Foulques de Toulouse et Navarro de Conserans, députés à Rome par leurs collègues du Midi, y poursuivaient avec ardeur sa condamnation et poussaient le pape Innocent III aux plus violentes extrémités.

Il eut peur et il dépêcha aussitôt, à Rome, des avocats pour plaider sa cause auprès du Souverain Pontife, promettant de donner satisfaction et sollicitant du pape l'envoi d'un légat pour l'absoudre.

— Soit, dit le pape, nous ne refuserons pas d'écouter le comte de Toulouse et de traiter avec lui.

---

(1) Rob. de Mont. *Append. ad Sigeb.* ann. 1208. — Petr. Vallissarn. *Hist. de Albig*, 8. 11.

Et, appelant son chapelain nommé Milo, auquel il adjoignit un chanoine de Gênes, il lui dit :

— Allez ; je ne vous donne pas d'autres instructions. Notre légat, Arnaud, abbé de Citeaux, à qui vous vous présenterez de notre part, fera en notre nom et comme nous-même tout ce qu'il y aura à faire ; vous serez seulement son porte-paroles.

Milon partit et, peu de temps après, il était auprès d'Arnaud, abbé de Citeaux et légat d'Innocent, qui, d'accord avec les évêques, indique la tenue d'un synode à Valence et ordonne au comte Raymond de Toulouse d'y comparaître en personne.

Tout tremblant, Raymond s'y rendit et, dans sa terreur, promit d'avance d'obéir au légat du pape en toutes choses.

— Les paroles qui s'envolent, et les promesses qu'on viole, dit le légat, ne suffisent plus à présent, ce qu'il faut au très saint pape Innocent, ce sont des garanties plus solides.

« En son nom donc, nous vous enjoignons de nous livrer comme caution, sept de vos principaux et plus forts châteaux qui seront confiés au commandement des consuls d'Avignon, de Nimes et de Saint-Gilles, lesquels s'engageront par serment à se considérer et à agir comme libres de toute foi et hommage envers vous, si vous manquez à la promesse faite à l'Eglise Romaine, à la suzeraineté de laquelle vous remettrez, en outre, le comté de Melgueil. »

Le sacrifice était immense et équivalait presque à une spoliation ; mais la terreur de Raymond était telle qu'il accepta ces dures conditions.

Séance tenante, les villes furent remises à Théodosius, avec mission de les tenir sous bonne garnison aux ordres et au nom du Saint-Siège.

A ce prix, Raymond de Toulouse allait être solennellement absous et la cérémonie même de cette absolution était aussi cruelle pour son orgueil que la remise des châteaux l'était pour les ressources de sa perfidie.

Dépouillé de ses vêtements et nu jusqu'à la ceinture, le comte de Toulouse fut amené devant les portes de l'Eglise de Saint-Gilles où l'attendaient le légat et vingt archevêques et évêques, réunis pour la circonstance, autour d'une table sur laquelle reposaient les reliques des saints et l'Eucharistie même.

Là, Raymond jura à haute voix qu'il obéirait sans restriction aux ordres de la sainte Eglise Romaine.

Alors, le légat prit une étole et, en ayant attaché le comte par le cou, comme un animal désormais domestiqué et dompté, il l'introduisit ainsi dans l'église en le frappant de verges aux yeux d'une foule immense accourue à ce spectacle.

Bientôt l'église fut tellement bondée de fidèles et de curieux que, la cérémonie de son absolution terminée, le comte de Toulouse dut renoncer à sortir par où il était entré.

Sans doute, aussi, la colère et la honte d'avoir consenti à se laisser ainsi traiter le détournaient de traverser cette foule pour laquelle il devait être un objet de cruelle risée comme il arrive à tous ceux qui, puissants et insolents la veille, sont humiliés et vaincus le lendemain, car la foule, qui est partout la même, c'est-à-dire ce qu'il y a de plus vil au monde, n'a jamais été qu'un troupeau qui acclame ou qui conspue sans discernement et sans réflexion, quel que soit d'ailleurs le sujet de ses manifestations toujours instinctives.

Un prêtre prit pitié de Raymond et lui dit :

— Venez, seigneur comte, je vous ferai sortir de l'église par un chemin solitaire.

Raymond accepta et le suivit.

Le prêtre le conduisit vers un des bas-côtés du sanctuaire, ouvrit une porte latérale étroite et le fit descendre par un escalier de quelques marches qui menait à la crypte faiblement éclairée par des soupiraux en contre-bas de l'église.

Raymond la traversa et, remarquant un tombeau neuf, se baissa en passant pour lire l'inscription funéraire.

C'était le tombeau de sa victime, Pierre de Castelnau. Il pressa le pas et bientôt put sortir de l'église et regagner son palais, la rage au cœur et plus que jamais décidé à la vengeance.

DEUXIÈME PARTIE

I

— Oui, s'écria le comte Raymond de Toulouse en frappant un formidable coup de poing sur la table massive chargée de vaisselle précieuse à laquelle il était assis en compagnie de deux évêques Albigeois qui partageaient son repas, j'ai été obligé de passer sous les fourches caudines de l'antéchrist et de subir de la part des papistes la plus honteuse humiliation ; qu'eussiez-vous fait à ma place ? Ah ! maudits soient ces serviteurs du diable qui tiennent la terre en esclavage et sont assez forts pour infliger de pareilles représailles à de nobles et puissants seigneurs !

— Vous avez bien fait, seigneur comte, dit un des deux évêques hérétiques : Jésus-Christ n'a-t-il pas donné lui-même ce conseil : « Tant que tu es sur la route avec ton ennemi, pendant qu'il te conduit chez le magistrat, ménage-le avec soin et tâche de te tirer d'affaire avec lui de peur qu'il ne t'entraîne devant le juge, que celui-ci te livre aux sergents, lesquels te conduiront en prison d'où tu ne sortiras que complètement dépouillé.[1] » La sagesse même indique qu'il faut

(1) Luc, xii, 58.

ménager ses ennemis et paraître au besoin avoir les mêmes sentiments qu'eux, mais cela conduit souvent à être dépouillé quand même.

— Patience, dit le comte de Toulouse, je trouverai bien le moyen de récupérer tout ce que j'ai donné en garantie aux papistes, et alors on verra ! Mais il fallait absolument détourner l'orage épouvantable qu'allait déchaîner le pape. C'était la croisade, c'est-à-dire la guerre et la persécution fanatiques contre tous les Albigeois.

— Connaissez-vous si peu les papistes ou êtes-vous si confiant, seigneur comte, dit l'autre évêque hérétique, la guerre, croyez-moi, n'est nullement détournée.

— Que voulez-vous dire ? s'écria Raymond d'un ton plein d'effroi.

— La croisade est décrétée sans appel, l'arrivée des croisés en ces provinces est imminente, et les populations en sont épouvantées.

— C'est une infâme trahison ! s'écria Raymond avec colère, et si je me suis réconcilié avec les papistes c'est que j'attendais d'eux tout autre chose. Ainsi, ces scélérats ont juré ma perte de toute façon.

— Vous n'êtes pas seul en jeu, répondit l'hérétique, sans cela, peut-être la croisade eut-elle été contremandée, mais votre neveu Raymond-Roger, vicomte de Béziers et de Carcassonne et les plus puissants seigneurs de la contrée ont refusé, vous le savez, tout accommodement avec les papistes ; peut-être eussiez-vous mieux fait de vous liguer avec eux que d'aller, par une suite de compromis, vous jeter dans les filets de l'Eglise romaine.

— Que faire, maintenant ! s'écria Raymond, que faire ! je me suis livré moi-même aux mains de ces papistes maudits, je n'en sortirai pas. Comment cette croisade est-elle organisée ?

— Les principaux chefs sont les archevêques de Sens et

de Bourges, les évêques d'Autun, de Clermont et de Lisieux,
le duc Eudes de Bourgogne, le comte de Nevers, Pierre de
Courtenay, le comte de Saint-Pol cousin du roi de France
Philippe-Auguste, le comte de Bar-sur-Seine, le comte Simon
de Montfort, le comte Guichard de Beaujeu, le Sénéchal
d'Anjou, Guillaume des Roches, Enguerrand de Coucy,
Guillaume de Ponthieu et bien d'autres.

— Malédiction ! s'écria Raymond de Toulouse, nous
sommes perdus.

— Il est certain que le diable a toute puissance sur ce
monde, dont il est le maître, comme l'affirme l'Evangéliste
Jean lorsqu'il dit : « nous savons que le monde entier est
sous le sceptre du malin,[1] » dit le prélat hérétique qui venait
de parler mais ne désespérons pas du salut des enfants du
vrai Dieu.

— Sait-on, demanda Raymond, quel sera le chef de la
croisade ?

— Le chef désigné par le pape devait être l'abbé de
Cîteaux, Arnaud ; mais prétendant imiter son prédécesseur
Bernard de Clairvaux qui, jadis, refusa lui aussi le comman-
mandement de la croisade de Palestine, Arnaud a décliné
cette charge et demandé qu'on élût un autre chef à sa place.
Les suffrages ont désigné le comte Simon de Montfort.

— Voilà un beau choix ! s'écria Raymond. Montfort est
une bête féroce affamée et qui ne lâchera sa proie qu'après
l'avoir entièrement dévorée, car Simon est un gueux de
noblesse, l'ancienneté de sa famille est sa seule richesse, et sa
fortune reste à faire. Non, en vérité, on ne pouvait mieux
choisir, et son avidité se montrera certainement à la hauteur
de ses convictions. Je reconnais bien là ces papistes du diable.

Le jour même, Raymond de Toulouse avait pris un

[1] S. Jean, I Ep. V, 19.

parti, le seul qui lui parut convenable pour détourner de ses
Etats l'occupation et l'invasion qui les menaçaient.

Prosterné aux pieds du légat Arnaud, il protestait de
son inviolable attachement à l'Eglise Romaine et le suppliait
de l'admettre à prendre lui-même la croix pour la guerre
sainte.

Arnaud, peut-être, ne fut pas dupe de cette hypocrisie.
Cependant, il parut y croire, et, de ses propres mains, atta-
cha sur la poitrine du seigneur hérétique le signe de la
croisade.

II

LES CROISÉS.

En effet, la croisade albigeoise était irrévocablement résolue; le temps des paroles était passé, et devant l'inutilité du dévouement et de l'apostolat, l'Eglise avait réuni des armées et proclamé le ban de guerre contre les hérétiques qui menaçaient à la fois l'ordre social et l'ordre religieux qui en était alors le fondement.

C'était bien le comte Simon de Montfort qui était le chef désigné de la croisade.

La famille de Simon prétendait à une très ancienne et très illustre origine et se disait même alliée au sang royal de France.

Assurément, elle brillait davantage par l'éclat de son ancienneté que par celui de la richesse.

Simon III, père de Simon de Montfort, n'avait laissé à son fils qu'une petite seigneurie, celle de Montfort, dont le siège était situé sur une colline entre Paris et Chartres. De sa mère, il avait, en outre, hérité du comté de Leicester; elle était, en effet, la sœur aînée du comte Guillaume de Leicester, mort sans enfants.

En outre, par sa femme, Adélaïde, fille de Burgardde de

Montmorency, Simon était allié à cette illustre famille.

Simon était regardé, alors, avec Beaudoin de Flandre, comme un des types les plus brillants et les plus nobles de l'esprit chevaleresque à cette époque.

Il en avait, d'ailleurs, tous les signes extérieurs par sa haute taille, son visage agréable, sa chevelure ondoyante et les mouvements vifs et assurés de sa personne.

En outre, il appartenait à un ordre militaire et était réputé pour sa vigilance, sa prévoyance, sa persévérance, son courage calme et réfléchi, son audace surprenante, son affabilité, son obligeance, son éloquence et son habileté.

Dans presque toutes les affaires, il était recherché et on lui y concédait une des premières places.

De plus, ces qualités déjà inappréciables étaient complétées en lui par une piété, un zèle pour la foi et une rectitude de mœurs exemplaires.

Sa probité était grande aussi et bien établie dans des cas importants.

Il avait fidèlement exécuté les legs qu'avaient faits ses parents au clergé, et avait contribué à la fondation d'un monastère qui était dans le voisinage de son château de Montfort.

Simon de Montfort n'était pas resté en arrière du grand mouvement des Croisades.

Dès qu'il avait appris que tant de héros se disposaient à partir pour la Terre-Sainte, il avait été tellement enthousiasmé, qu'il s'était joint aussitôt à cet immense et généreux mouvement.

Partout où il s'agissait de montrer une énergique détermination, on l'avait trouvé imperturbable, même devant les plus mauvais présages.

Sa coutume d'assister tous les jours, même sous les armes, à la messe et aux offices de l'Eglise, lui avait inspiré contre les dangers de la mort, cette égalité d'âme qui accompagne la conviction et la sincérité du dévouement.

Simon de Montfort était rentré depuis peu de la Terre-Sainte, s'était lié d'une profonde amitié avec Dominique de Guzman, dans l'admiration de ses vertus, et quoique âgé de soixante ans, ne demandait qu'à reprendre les armes contre les hérétiques pour sauver l'Eglise menacée.

Du reste, le pape, qui le connaissait, l'y avait spécialement invité.[1]

Tel était le chef que s'étaient donné les nouveaux croisés et sur lequel Raymond de Toulouse portait un si dur jugement.

Mais Raymond lui-même était venu à Valence rejoindre l'armée des croisés et jurer fidélité à Simon, offrant même de donner son fils ou de se donner lui-même en otage si l'on doutait de sa parole.

L'armée se mit en marche, passa le Rhône et se dirigea vers Béziers pour prendre cette ville qui abritait de nombreux hérétiques albigeois.

A cette nouvelle, les catholiques Biterrois qui tenaient à leurs foyers et ne voulaient pas les abandonner, tinrent conseil et résolurent de rester, considérant comme leur propre danger celui qui menaçait leurs concitoyens hérétiques.

Dans un élan de solidarité fraternelle pour la défense de leurs foyers communs, tous les habitants sans aucune distinction d'opinions ni de croyances, se mirent aussitôt avec ardeur à consolider les murailles et les tours, afin de résister aux assaillants et de les repousser.

Ceux-ci, cependant, établirent leur camp sous les murs de la cité.

Devant l'imminence du siège, l'évêque de Béziers, Reginal, demanda aux chefs croisés, comme une grâce, d'envoyer des

---

(1) Hurter. *Hist. d'Innocent III.*

parlementaires aux catholiques de la ville, pour les engager
à prendre d'autres mesures de salut.

— Allez-y vous-même, lui fut-il répondu, nul mieux que
vous ne peut s'acquitter de cette tâche.

Reginal revint à Béziers et assembla les catholiques
fidèles.

— J'ai dressé, leur dit-il, une liste des hérétiques qui
sont dans cette ville et contre lesquels seuls s'avancent les
guerriers catholiques.

« Mes bien-aimés frères, sachez qu'aucun quartier ne
leur sera fait, et ne vous exposez pas à partager leur sort
inévitable, car cette ville sera prise.

» Je vous adjure donc de livrer ces hérétiques aux assiégeants qui en feront bonne et prompte justice; si cela vous
est impossible, sortez vous-mêmes et sur l'heure de ce
repaire d'impies, afin de ne pas être vous-mêmes exposés à
partager leur sort. »

Mais les catholiques de Béziers ne voulurent voir qu'une
chose, c'est qu'on assiégeait leur ville sur laquelle allaient
fondre toutes les horreurs de la guerre et, d'une commune
voix, ils refusèrent d'écouter leur évêque et s'obstinèrent à
faire cause commune avec les hérétiques, dont beaucoup,
sans doute, étaient leurs parents.

— Songez-y, dit le prélat, car je vais, de ce pas, porter
votre décision au camp des croisés; en agissant ainsi, en
refusant de vous servir dés immunités de l'Eglise qui vous
sont offertes, en faisant cause commune avec les impies,
vous acceptez les cruelles lois de la guerre et vous ne vous
en prendrez qu'à vous-même.

— Ceux qui viennent nous assiéger, s'écrièrent-ils, sont
nos ennemis, quelque prétexte qu'ils donnent à leurs
actions; on veut ruiner Béziers; or, tous ceux qui sont dans
Béziers sont des Biterrois, et c'est à ce titre exclusif que nous
nous solidarisons pour défendre nos foyers de la ruine.

L'évêque partit rendre compte de sa mission. Pendant ce temps-là, un de ses chapelains s'efforçait encore de faire entendre raison aux catholiques.

Non seulement ils ne voulurent rien entendre, mais, confiants témérairement dans la situation et les forces de leur place, ils firent une sortie hors de leurs retranchements, accablant d'une grêle de flèches, les avant-postes de l'armée croisée.

Irrités, les avant-postes, sans attendre d'ordres, s'ébranlent contre leurs agresseurs et toute l'armée les suit, poursuivant les Biterrois qui rentrent dans la ville, mais suivis par les assiégeants qui y pénètrent en foule et, dans une lutte acharnée, conquièrent tour à tour chaque rue et chaque maison énergiquement défendues.

Aucun ordre des chefs ne pouvait être entendu dans cette ivresse de massacre, dominée seulement par des cris comme celui-ci : « Tuez tout, Dieu saura reconnaître les siens![1] »

Les soldats, dans leur fureur sans frein, passèrent au fil de l'épée tout ce qu'ils rencontrèrent, sans distinction d'âge, de sexe, de croyance ou de rang, et jusqu'à la foule sans défense réfugiée dans les églises et prosternée aux pieds des autels.

La ville, ensuite, fut livrée aux flammes et il n'en resta bientôt que de lugubres et fumantes ruines.

C'est par cet horrible événement que débuta la croisade, et l'on ne saurait trop condamner ces excès quelles qu'en soient les responsabilités, car ce n'est pas les justifier que d'en signaler la cause.[2]

(1) On attribue, dans les histoires hostiles au catholicisme, ce cri à Saint Dominique ou au légat Arnaud. Mais, lors de ces excès, S. Dominique se trouvait à cinquante lieues de Beziers. Toute la responsabilité de ces horreurs incombe, non aux chefs croisés, mais à l'imprudence des Biterrois et à la fureur aveugle des soldats.

(2) Bareille. Hist. de l'Eglise.

Quand la guerre est déchaînée, hélas! qui peut dire où s'arrêtera la barbarie de ses horribles lois!

Quelques jours après,[1] les croisés victorieux étaient devant Carcassonne où Raymond Roger se tenait enfermé avec ses troupes.

Il s'agissait là d'un siège véritable à faire, quoique les croisés fussent au nombre de cinquante mille.

Tout d'abord, un faubourg fut emporté d'assaut par les soldats, tandis que le clergé chantait des hymnes et des psaumes.

Cependant, lorsqu'on voulut prendre le second faubourg, on fut repoussé par les assiégés qui lancèrent sur l'armée de Simon de Montfort une grêle de pierres et de flèches.

Il fallut que les mineurs creusâssent des trous sous les murailles qui, à la fin, cédèrent, forçant les défenseurs de la place à se retrancher derrière les murs mêmes de la ville.

Le temps passait et les assiégés commençaient à s'en apercevoir, car la faim avait fait son apparition dans la cité.

Les croisés eux, quoi qu'ils fussent une multitude, ne manquaient pas d'approvisionnements de bouche, grâce au pillage qu'ils avaient dû exercer sur leur route entre Béziers et Carcassonne. D'autre part, quoique Raymond Roger eut, avant leur arrivée, fait briser les meules de la plupart des moulins des environs, il s'en trouva cependant encore pour moudre le grain destiné à faire le pain de cette foule, qui demeura abondant et à bas prix.

Bientôt les assiégés, contraints par la famine et effrayés du nombre de leurs agresseurs, demandèrent à capituler.

Ils offraient de livrer la ville et le vicomte Raymond

____

(1) Le 1ᵉʳ Août 1209.

Roger, à condition qu'on leur accorderait la vie sauve et un sauf-conduit pour le temps d'une journée de marche.

Ces conditions leur furent accordées et, le jour de l'Assomption, ils sortirent tous en chemise par une petite poterne étroite qui n'en pouvait laisser passer qu'un à la fois, afin que l'on put constater que nul n'emportait rien avec lui au delà de sa personne et de l'unique vêtement couvrant sa nudité.

Raymond Roger, tombé au pouvoir des croisés, devait, très peu de temps après, mourir dans sa prison.

Par la prise de ces deux places fortes, le pays tout entier se trouvait conquis, et, en vertu des lois de la guerre, passait aux mains de nouveaux maîtres.

Il fallait en désigner le nouveau titulaire et, dans ce but, les princes s'assemblèrent, convoqués par l'abbé de Cîteaux, le légat Arnaud.

Dans cette assemblée, Simon de Montfort, chef de la croisade, fut proclamé vicomte de Béziers et de Carcassonne.[1]

C'était pour Simon le commencement d'une grande fortune. Bientôt, en effet, de nouvelles et nombreuses villes tombèrent au pouvoir de ses armes, les unes par soumission volontaire, les autres emportées d'assaut.

Castres, Albi et Lombers tombèrent en son pouvoir et Simon, pendant ce temps-là, s'efforçait de purger de l'hérésie ses nouveaux États.

Ainsi aurait pu se poursuivre la Croisade, et peut-être que cette force imposante eut suffi pour la mener à bien et atteindre le but sans ces horribles complications qui maculent de sang toutes les pages où l'histoire fait des récits de guerre.

Mais un ennemi plus redoutable que tous les hérétiques guettait les croisés. Le même ennemi qui avait fait échouer

____

(1) Le 22 Août.

C'était le tombeau de sa victime, Pierre de Castelnau. P. 93.)

les grandes croisades de la Terre-Sainte, cet ennemi qui se montre en maître et seigneur partout où il y a des champs de bataille : la division.

De cette chose unique : la lutte pour l'intégrité de la foi, allait sortir cette chose multiple : la compétition acharnée des jalousies et des intérêts

III

Cependant Raymond de Toulouse dont les actes avaient eu pour but unique de sauver ses provinces de la guerre et de l'invasion, avait été sommé d'en chasser tous les hérétiques par le légat Arnaud et son porte-parole Milo.

Raymond s'y était refusé.

Milo, alors, avait convoqué un concile à Avignon et, une fois de plus, fulminé l'anathème contre le comte de Toulouse, de concert avec l'évêque de Riez.

Peu de temps après, Milo ayant accompli sa tâche sur la terre, rendait son âme à Dieu.

Raymond, de son côté, résolut de se rendre à Rome, réclamer en personne au pape la restitution des sept châteaux qu'il avait livrés comme gage à ses légats.

Avant de partir pour l'Italie, le comte de Toulouse avait eu soin de faire son testament, instituant comme ses exécuteurs testamentaires le cas échéant, le roi de France et l'empereur Othon.

Le pape Innocent III accueillit sévèrement le comte de Toulouse, lui reprocha amèrement la mort de son légat Pierre de Castelnau et le somma de se purger du crime d'hérésie dont il était accusé.

Pendant ce temps-là, les Toulousains recevaient somma-
tion d'avoir à chasser les hérétiques, et, sur leur refus, étaient
excommuniés et voyaient, eux aussi, leur territoire occupé
par les armées catholiques.

Raymond de Toulouse comprit que l'hypocrisie seule, le
tirerait d'affaire cette fois encore, en Italie comme en Provence, et, de bouche, il fit toutes les promesses, prêt à les
violer de nouveau aussitôt qu'il le pourrait.

La guerre, d'ailleurs, allait se compliquer singulièrement.

Simon de Montfort se découvrit tout à coup de nombreux
ennemis, presque toute la croisade l'abandonna et le duc de
Bourgogne lui-même se déclara son adversaire.

D'autre part, Pierre, roi d'Aragon, qui était suzerain de
Carcassonne, fut irrité de voir cette ville prise par Simon.

Quand celui-ci se présenta à lui à Montpellier pour lui
prêter serment de fidélité, il refusa de le recevoir et fit avertir
secrètement les seigneurs albigeois qui ne s'étaient pas
encore soumis, de ne pas faiblir et de tenir bon, en leur promettant de prompts secours.

De toutes parts se dessinèrent une série d'échecs; la
révolte, en outre, et la défection se faisaient jour partout, et
les conquêtes déjà faites s'évanouissaient en fumée.

Simon, néanmoins, fit tous ses efforts pour lutter contre
la mauvaise fortune. Heureusement pour lui, des renforts
considérables lui étant arrivés de France et d'Angleterre, il
put reprendre la campagne.

La ville d'Albi fut de nouveau assiégée par les croisés.
Au bout de sept semaines de siège, elle fut reprise, et là, on
n'accorda la vie qu'aux hérétiques décidés à se convertir.

Les vainqueurs entrèrent dans la ville au chant du *Te
Deum* et précédés de la croix et de l'étendard de Montfort.

C'était le 23 juillet 1210.

Les habitants de la ville furent réunis sur la place publique et l'abbé Gui de Vaux-Cernay les prêcha, après quoi le

comte de Montfort les somma d'abjurer leurs erreurs, sous peine de mort.

Un petit nombre seulement y consentit. Quant aux autres, ils restèrent inébranlables et furent condamnés au supplice du feu, qu'ils subirent, hommes et femmes, avec une fermeté digne d'une meilleure cause.[1]

D'Albi, Simon de Montfort s'en fut pour assiéger le château de Termes, dont le seigneur, nommé Raymond, qui descendait d'une des plus anciennes familles du pays, possédait tout le territoire situé entre le vicomté de Narbonne, le Carcassez, le Razès, le Roussillon et la mer.

Raymond était un redoutable seigneur, véritable mécréant qui vivait en dehors de toute croyance et se moquait aussi bien de l'hérésie que de l'orthodoxie.

Il s'était rendu presqu'indépendant et était toujours en guerre contre ses voisins le roi d'Aragon, le comte de Toulouse et même le vicomte de Carcassonne et de Béziers qui était son suzerain légitime.

De la chapelle de son château, Raymond avait fait une salle d'armes, et depuis trente ans on n'y avait célébré aucune cérémonie du culte.

Ce château était situé d'une manière imprenable, et Raymond, prévoyant l'attaque de Simon, s'était depuis quelque temps préoccupé d'y réunir une puissante garnison et des vivres en grande abondance.

Aussi, quand Simon arriva avec sa petite armée, il n'est pas de raillerie qu'on ne lui prodigua, et pour montrer à quel point on se moquait de lui, la garnison catalane de la forteresse, nombreuse et aguerrie, se faisait un jeu de sortir et de rentrer à sa guise.

Simon fit venir de Carcassonne des machines de siège et appela à son aide avec leurs soldats les évêques de Chartres

(1) Petr. Vallissarn. *Hist. Albig.* 37-38.

et de Beauvais et les comtes de Dreux et de Ponthieu, et l'on se mit à entamer le siège de la forteresse avec ardeur.

Chaque jour était témoin de combats acharnés; les machines de guerre battaient les murs avec fureur, tandis que l'on rassemblait du bois pour combler les fossés et que les forgerons et les charpentiers travaillaient sans relâche à perfectionner, construire ou réparer les engins de toutes sortes.

D'autre part, les assiégés se défendaient comme des lions, et des deux côtés l'équilibre se maintenait entre les succès et les pertes.

A peine les croisés étaient-ils parvenus à détruire un mur, que derrière ce mur ils en apercevaient un autre que les défenseurs de la place venaient de construire pour suppléer aussitôt à l'ancien.

Simon comprenait qu'il avait trop présumé de ses forces, et, en voyant de jour en jour faiblir l'énergie des siens, il perdait en lui-même l'espoir de prendre la forteresse.

Des deux côtés, l'ardeur se ralentit. Dans le château, on commençait à avoir soif, tandis que les assiégeants avaient faim. Les citernes du castel étaient épuisées, les vivres du camp l'étaient aussi.

Raymond de Termes offrit alors à Montfort de livrer la place dans quarante jours en échange d'autres possessions.

Ces conditions furent acceptées, et les évêques et les barons, jugeant le siège terminé, partirent.

Toutefois, pendant la nuit qui suivit leur départ, il plut, et les citernes s'emplirent; aussitôt, les assiégés se montrèrent résolus à reprendre la lutte.

Simon, inquiet, n'ayant plus que peu de soldats, ouvrit de nouvelles négociations et envoya en parlementaires à Raymond de Termes, Guillaume de Termes, beau-frère du vicomte, et Bernard de Montesquieu, son frère.

— Qui vous donne cette audace! s'écria Raymond; retirez-vous et ne reparaissez plus devant moi, si vous ne voulez pas que je vous fasse jeter aux oubliettes.

Ils revinrent rapporter à Simon cette réponse. Montfort allait, découragé, lever le siège, lorsqu'un secours inattendu lui arriva de Lorraine. De plus, le comte de Montfort, comme beaucoup de grands capitaines, passait pour posséder contre la mort une immunité providentielle, et cette réputation releva son prestige et le courage de ses soldats.

On racontait, en effet, aux nouveaux arrivés, que Dieu protégeait visiblement le chef des croisés.

Maintes fois, on l'avait vu épargné par les projectiles et les flèches à lui destinés et qui, au lieu de le frapper, tuaient de préférence ceux qui l'accompagnaient.

De telles constatations élèvent de tout temps des généraux au rang de demi-dieux.[1]

Les croisés fidèles au comte de Montfort ne doutaient pas qu'il fut l'homme spécialement protégé du ciel.

(1) On sait que Napoléon I, pour ne parler que de lui, dût une grande part de son prestige à des faits de ce genre et à son sang froid devant tous les dangers.

Du reste, il est à remarquer qu'un homme, quel qu'il soit, d'ailleurs, qui est investi d'une mission réelle et précise, reçoit toute l'aide nécessaire, même extraordinaire, que comporte l'exercice de cette mission : on peut remarquer que ses déboires et ses malheurs coïncident toujours avec les fautes qu'il commet contre l'esprit même de cette mission. Il en fut ainsi pour Napoléon et bien d'autres. Ainsi Jeanne d'Arc n'eut jamais eu le triste sort qu'elle a subi si, sa mission terminée, elle se fut retirée, comme elle voulait le faire, d'ailleurs. Ici ce fut l'ignorance et l'égoïsme des lâches que sa mission avait sauvés, qui la perdit. Ailleurs, ce sont les hommes mêmes qui, missionnés, oublient qu'ils sont missionnés et simples instruments d'une volonté autre que la leur et en arrivent à croire que leur génie est indépendant de leur mission. Ces hommes sont exposés à tomber dans deux pièges opposés et également funestes : un orgueil excessif ou une abnégation mal entendue : ainsi Napoléon et Jeanne d'Arc ; et le résultat de leur excès est toujours le même, qu'il s'appelle le rocher de Sainte-Hélène ou le bûcher de Rouen.

Comme moralité pratique, tous, nous avons notre petite mission et notre devoir à remplir, et nous devons savoir que si nous les remplissons consciencieusement, nous recevrons les grâces nécessaires à cet accomplissement.

On rapportait, entre autres traits, qu'un jour, étant à la messe, une flèche fut lancée contre lui et l'eut atteint certainement si un sergent d'armes, qui se levait au moment même, n'eut été tué à sa place.

L'archidiacre de Paris venait d'arriver à l'armée, et non seulement il prêchait avec ardeur, mais encore il courait de tous côtés pour faire combler les fossés et contribuait en personne à cette rude besogne, qui devait avoir pour résultat de permettre l'approche des machines de siège et l'assaut.

D'autre part, une épidémie se déclara dans la garnison, qui, désespérée et n'espérant aucun quartier de la part des croisés dont les propositions pacifiques avaient été naguère repoussées, résolut de s'enfuir de la forteresse à la faveur des ténèbres de la nuit, pour aller se réfugier en Catalogne.

Mais il fallait, pour exécuter ce dessein, traverser le camp ennemi et s'y frayer un passage avec les armes au besoin.

Cette tentative était trop téméraire pour réussir et elle échoua ; ce fut ainsi que fut pris le château-fort de Termes, dont le siège avait duré très longtemps.

La région, néanmoins, ne se soumit pas et ce ne fut qu'en 1247 que le Tourmenois reconnut la suzeraineté du roi de France.

Néanmoins, cette conquête ouvrait le pays aux croisés jusqu'aux rives de l'Aude dans le Haut-Razès et au cœur des Corbières.

Pendant ce temps-là, le comte Raymond de Toulouse, revenu de Rome, continuait la longue série de ses perfidies et se compromettait de plus en plus.

Il était venu trouver deux des légats, l'évêque de Riez et le chanoine Théodisius.

— Je veux, leur dit-il, me justifier des deux accusations que l'on porte contre moi, celle d'être un hérétique et celle d'être complice de l'assassinat du vénérable Pierre de Castelnau. Je vous supplie de me donner toute faculté de me laver de ces deux imputations.

Les deux légats, qui savaient à qui ils avaient affaire, convoquèrent une assemblée des prélats à Saint-Gilles, en vue de prendre les mesures convenables pour donner satisfaction au comte de Toulouse, au cas où il serait sincère, mais aussi pour le mettre, en même temps, dans l'impossibilité de s'échapper de nouveau par aucune tangente, selon son habitude.

Raymond se flattait d'obtenir facilement, avec des paroles hypocrites, une réconciliation, dont le principal effet serait de lui rendre toute son ancienne puissance, et ce fut presque joyeux qu'il se présenta.

— Nous accepterons, lui dirent les légats, votre justification, mais à une condition expresse, c'est qu'auparavant vous donnerez satisfaction sur les autres griefs, et voici les deux obligations principales qui vous sont avant tout imposées :

« Vous expulserez de vos Etats tous les hérétiques, puis vous laisserez y percevoir les contributions dues au denier de Saint-Pierre. »

En entendant ces paroles, le visage de Raymond fut empreint d'une déception cruelle; des larmes lui vinrent aux yeux, non de repentir, mais de rage d'avoir affaire à plus fort que lui.

Il allait essayer de donner le change sur la qualité de ses pleurs, lorsque le chanoine Théodisius l'arrêta d'un regard tranchant comme le fer et lui dit froidement et impitoyablement ces paroles de l'Ecriture :

— « Quand même les larmes du pécheur endurci couleraient à torrents, elles ne s'élèveraient jamais jusqu'à Dieu! »

N'était-ce pas là une parole un peu cruelle? Ainsi le pensèrent l'évêque d'Uzès et l'abbé de Citeaux.

Quelque temps après, en effet, ces deux légats allèrent

à Narbonne avec Pierre d'Aragon, frère de Raymond, et
Simon de Montfort, trouver le comte de Toulouse et lui
dirent :

— Seigneur Comte, Dieu ne veut pas la mort du pécheur,
mais qu'il se convertisse et qu'il vive, Ainsi nous-mêmes ne
saurions exiger davantage.

« Traitons aux meilleures conditions auxquelles nous
vous garantirons la possession tranquille de tous vos domaines et vos droits de suzerain sur les terres hérétiques ; même
nous vous céderons encore le quart et même le tiers des loca-
lités vassales possédées par les Albigeois.

— Et à quelles conditions? demanda le comte de Toulouse?

— Vous chasserez seulement les hérétiques de vos terres
patrimoniales, dit Arnaud ; à ce prix, tout vous sera concédé.

C'était dépouiller Raymond de toutes ses forces vives, et,
cette fois encore, il refusa de consentir à ce sacrifice.

Cet homme, néanmoins, était si puissant que rien ne
devait être négligé par les légats pour le ramener à l'Eglise
et s'en faire un allié.

IV

DEUX MÉCRÉANTS.

Raymond de Toulouse avait un digne émule dans la personne du comte de Foix, l'un des plus affreux personnages de cette époque.

Comme pour Raymond de Toulouse, on essaya de tous les moyens de conciliation pour ramener le comte de Foix à l'Eglise.

On lui offrait, s'il consentait à cette réconciliation et à rentrer dans l'obéissance envers le Saint-Siège, avec promesse de cesser toute entreprise de guerre ou de vexations contre les croisés, de lui rendre Pamiers et ses autres territoires dont le comte de Montfort s'était emparé.

On reprochait tous les crimes au comte de Foix.

Il était d'une impiété qui ne connaissait ni bornes ni mesure; à l'entendre, on pouvait faire aux catholiques toute espèce de serments et les violer sans scrupule.

Maintes fois, il lui arriva de faire mettre à mort des catholiques qui s'étaient rendus à lui sur sa promesse de leur laisser la vie.

Comme on lui reprochait cette infamie, il disait :

— Sans doute, j'ai violé une promesse particulière, mais

c'est parce que j'ai voulu respecter un serment général que j'ai fait d'exterminer tous ces fils du diable jusqu'au dernier.

Le comte de Foix, qui ne pouvait faire aux croisés une guerre en règle, leur faisait une guerre de partisans, de surprises et d'embuscades.

Partout où il passait avec ses satellites, il laissait des ruines et des horreurs.

S'il rencontrait un monastère, il l'envahissait, tuait ses habitants, profanait l'église, jetait au vent les reliques des saints et changeait la maison de prières en un repaire d'orgies.

Ce fut ainsi qu'il traita les monastères de Saint-Antonin et de Sainte-Marie dans le pays d'Urgel.

Après ce beau fait d'armes, il s'écria :

— Compagnons, nous avons démoli Marie et Antonin, ces repaires de papistes, il ne nous reste plus qu'à démolir leur Dieu !

Et quand ses soldats rencontraient des crucifix, ils leur coupaient, à coups de sabre, les bras, les jambes et la tête.

Un jour, entré dans une église avec ses bandits, l'un d'eux aperçoit un grand christ. Il s'en approche, le coiffe de son casque, lui met ses éperons aux pieds, son bouclier au bras gauche, puis, saisissant sa lance, ce soldat impie se met en garde, provoque la sainte image et, avec d'horribles blasphèmes, se rue sur elle, l'accable de coups et d'insultes jusqu'à ce qu'il l'ait mise en pièces, aux applaudissements de ses hideux compagnons.

S'ils passent près d'une chapelle ou d'une église, dans laquelle un prêtre célèbre la messe, ils se ruent contre l'autel, le renversent et tuent le ministre qui officie ou lui font subir des traitements pires que la mort.

Naturellement, tous les catholiques qui tombent entre leurs mains sont condamnés par leur titre seul.

Ce fut à Narbonne que l'on proposa la conciliation au comte de Foix, mais en vain.

Ce bandit était un tel criminel que le roi Pierre d'Aragon, dont il était le vassal et que nous avons vu récemment offrir sa protection aux Albigeois et refuser de reconnaître le vasselage du comte de Montfort, fit occuper par ses troupes les principales places-fortes du comte de Foix et même le château de Foix, jura que les croisés ne seraient plus inquiétés de ce côté, et promit même de livrer le comte à Simon de Montfort, s'il persistait dans ses crimes.

Comme gage de ses bonnes dispositions, le roi d'Aragon, sur les instantes prières du légat Arnaud, consentit à recevoir du comte de Montfort le serment de vasselage pour le vicomté de Béziers et de Carcassonne,

Les excès du comte de Foix et de Raymond de Toulouse continuèrent cependant, et les évêques se réunirent de nouveau, à Montpellier, pour obtenir, par l'entremise du roi Pierre d'Aragon, le retour de ces deux mécréants à des idées plus modérées.

Invités à s'y trouver, Raymond seul y vint, et, comme toujours promit tout ce que l'on demanda de lui, à condition qu'on discuterait devant lui, le lendemain, les clauses du traité, afin que chacun y trouvât son compte loyal.

Mais, le lendemain, on attendit en vain le comte de Toulouse. Une fois de plus il s'était parjuré et avait quitté la ville, non sans envoyer des excuses pitoyables.

Le légat Arnaud et l'évêque d'Uzès feignirent de croire ses raisons acceptables et lui indiquèrent un autre rendez-vous à Arles, devant le roi d'Aragon et les évêques, de nouveau réunis.

Raymond y vint, mais, cette fois, on lui signifia qu'il ne sortirait pas de la ville sans le consentement de l'assemblée.

Un délégué vint trouver le comte de Toulouse et lui transmit les ordres des évêques, ajoutant que, quoique les conditions qu'on lui imposait fussent assez dures, pour la plupart, on était disposé à l'en tenir quitte, lorsqu'on aurait des preuves suffisantes de la sincérité de sa conversion.

— D'ailleurs, seigneur comte, ajouta l'envoyé des évêques, vous avez un moyen d'adoucir la rigueur des conditions qui vous sont faites, c'est de venir en personne les discuter loyalement en présence du roi Pierre et de nos seigneurs les évêques.

Et comme le comte n'avait pas ouvert la bouche et que l'envoyé attendait sa réponse, Raymond partit d'un formidable éclat de rire et pour toute réponse monta à cheval et, sortant de la ville, reprit la route de Toulouse.

Le concile, irrité d'une pareille insolence, fulmina l'anathème contre le comte de Toulouse et déclara que sa principauté appartiendrait à qui pourrait s'en emparer.[1]

Innocent III approuva cet anathème et cette sentence, et donna l'ordre de l'exécuter par tous les moyens.

Tous les évêques étaient, en outre, sommés par le pape d'avoir à concourir à cette exécution.

Seul, Foulques, évêque de Toulouse, allait oser se dresser en face de l'excommunié pour lui résister et se voir, d'ailleurs, contraint de prendre le chemin de l'exil.

Le départ du comte de Toulouse et son insolente attitude étaient une déclaration de guerre tacite, et il ne pouvait se dissimuler que les catholiques l'entendraient ainsi.

Aussi se hâta-t-il de revenir dans ses États se préparer lui-même à la guerre.

---

(1) A la simple lecture de ces faits, on voit que l'autorité ecclésiastique était loin d'être omnipotente et que ses ennemis étaient de réels ennemis avec lesquels elle devait compter, non seulement à cause de leur force mais aussi à cause des complications de tout genre que cette guerre pouvait amener.

Que les guerres de religion soient plus odieuses encore que les guerres civiles, soit, nous n'y contredirons pas, elles le sont, au moins autant, mais il est facile de voir que la guerre des Albigeois fut faite à forces presque égales et, par conséquent rentre plutôt dans la catégorie des guerres intérieures véritables que dans celle des persécutions.

Il commença par s'assurer l'alliance des comtes de Béarn, de Comminges et de Foix, et convia tous ses sujets à la résistance armée.

Foulques était parti pour la France, envoyé dans ce royaume par le légat Arnaud, pour prêcher la croisade et lever des troupes.

Robert de Courtenay, son gendre Enguerrand, sire de Coucy, Joël de Mayenne, Henri de Grandpré et les évêques de Paris, de Lisieux et de Bayeux répondirent à son appel et se mirent en marche avec leurs vassaux armés en guerre.

D'autre part, Léopold d'Autriche, Thibaud de Bar, Adolphe de Bercy, Guillaume de Juliers et le comte de la Mark accoururent d'Allemagne avec leurs soldats.

L'abbé de la Chaise-Dieu, de l'Ordre de Citeaux, fut nommé par les légats pour être leur vicaire auprès de ces chefs nouveaux.

De son côté, Simon de Montfort, qui avait vu des revers succéder à ses premiers succès, avait peu à peu reconquis ses avantages et pu tenir honorablement tête à ses adversaires pendant l'hiver 1210-1211.

Après la prise de Termes, le 23 novembre, il avait réduit en son pouvoir toute la région, puis conquis Arques dont les habitants avaient préféré se laisser massacrer ou s'enfuir dans les bois que de se rendre, et s'était avancé dans le Razès par la vallée de la Salz qui débouche dans celle de l'Aude, à Couiza.

Appelé du côté d'Albi, Simon laissa le commandement de l'armée des Corbières à Pierre de Voisins, son sénéchal, qui avait mission de s'emparer de Rennes-le-Château et de Coustaussa, clefs du Razès, pays encore insoumis.

La guerre allait devenir générale et sanglante.

V

BATAILLES.

Tous les chevaliers du Razès, à cette nouvelle, étaient accourus auprès du gouverneur de Rennes-le-Château, Guillaume d'Assalit, et du seigneur de Coustaussa, Pierre de Villars.

On tint conseil.

Les plus prudents proposèrent d'attendre les armées catholiques derrière les remparts des places fortes.

— C'est le parti le plus sûr, disaient-ils, nous ne sommes pas en nombre et vous n'ignorez pas que le mauvais état des chemins, en cette saison d'hiver, empêchera les contingents du pays de Sault, de Fenouillède et de Pierre-Pertuse de venir se réunir à nous en temps convenable.

— Non! non! s'écria la majorité, bouillante comme toujours et n'écoutant que ses passions guerrières, il faut aller au devant de ces fils du diable et leur offrir la bataille en rase campagne.

— Vous risquerez votre fortune ainsi sur un seul coup, dirent les autres.

— Eh bien! que ce soit un coup décisif; il vaut mieux, si nous devons être vaincus, l'être en bloc que de l'être en détail et subir les interminables horreurs des sièges.

C'était une grave imprudence.

Simon de Montfort, en effet, venait d'envoyer des renforts considérables à son sénéchal, qui traversait en ce moment la vallée de l'Aude pour se joindre avec d'autres troupes à Couiza et réaliser ainsi un effectif dix fois plus fort que celui de ses ennemis.

Guillaume d'Assalit le pressentait et, avec les plus prudents, comprenait les dangers d'une lutte décisive en plaine.

Mais la majorité l'emportait.

Alors Guillaume conçut le projet héroïque d'aller empêcher la jonction du sénéchal et des troupes à la rencontre desquelles il allait.

C'était une vaillante folie. Pour cela, il fallait dégarnir toutes les forteresses, et encore, pour en arriver à être un contre dix et être obligé de tenir tête à deux armées en même temps, venant de deux directions opposées.

Néanmoins, Guillaume prit position avec ses troupes en travers de la vallée de la Salz, pour barrer la route au sénéchal Pierre de Voisins et en même temps pour pouvoir se rejoindre aux troupes de Pierre de Vilars qui, placées sur le chemin de Couiza à Coustaussa, se proposait de barrer la route aux soldats catholiques venant de Carcasssonne sous le commandement de Lambert de Thurcy.

Ce plan comportait un avantage.

S'il devenait impossible, en effet, aux deux armées hérétiques d'empêcher la jonction des deux armées catholiques, celles-là pourraient, du moins, avoir une retraite sûre, par la haute vallée qui est entre Couiza et Coustaussa, puis abandonnant la forteresse centrale de Rennes-le-Château, trop vaste pour être suffisamment défendue avec peu de garnison, on irait se retrancher dans celle de Coustaussa nouvellement construite et en solide état défensif.

Que se passa-t-il?

L'histoire est muette sur la lutte titanesque qui dut s'engager entre Couiza et Coustaussa, et dans laquelle quelques chevaliers avec de rares troupes, confiants dans un courage qui ne pouvait être que malheureux, entreprirent de tenir tête à un ennemi dix fois plus fort qu'eux en nombre.

Longtemps après, le laboureur qui promena le soc de la charrue pacifique, dans la plaine et sur le plateau, ramena au jour des ossements sans nombre, des objets de guerre, des médailles et des monnaies, et la quantité prodigieuse de ces débris attesta seule à l'histoire que la petite armée de Guillaume et de Pierre vendit là chèrement sa vie.

Cependant, cette grande bataille décida du sort de toute la vallée d'Aude jusqu'à Quillan.

Le sénéchal, Pierre de Voisins, après avoir pris la citadelle abandonnée de Rennes-le-Château, devait conquérir l'immense vallée qui devait devenir une des perles de ses apanages seigneuriaux, fruits de ses conquêtes.

Quant aux débris de la petite armée de Guillaume d'Assalit et de Pierre de Vilars, ils avaient été chercher un refuge dans le castel de Coustaussa.

Cependant, ils comprirent que, maintenant, leur nombre et leur valeur ne pourraient suffire à la lutte.

— Après avoir tenu conseil, ils prirent une brave résolution.

— Nous ne pouvons, désormais, continuer la résistance, se dirent-ils, et nous compromettrions inutilement la vie des habitants de ce bourg et de ceux de Rennes-le-Château qui, dès avant la bataille, ont cherché un refuge dans cette place, qui peut bien les protéger, mais non les nourrir.

« Frayons-nous, pendant la nuit et l'épée à la main, un passage à travers la montagne, vers le pays de Fenouillèdes et abandonnons cette place aux catholiques qui, ne trouvant plus de résistance, épargneront peut-être une population inoffensive et sans armes. »

Ce conseil aussi désespéré que noble et chevaleresque, fut approuvé et on résolut de le suivre.

Mais la tentative échoua. Les premiers qui tentèrent de sortir furent massacrés et les autres n'eurent que le temps de rentrer dans la forteresse et d'en fermer les portes.

Toute résistance étant impossible, on se rendit à discrétion.

Les vainqueurs furent sans pitié. Tous les hommes d'armes furent égorgés et tous les habitants furent chassés de leurs demeures dans les forêts voisines.

Ces sanglantes représailles eurent pour effet d'éteindre dans le cœur des vaincus, la passion religieuse et d'y substituer une autre passion, celle du droit à la vie et au foyer.

Retirés dans les rochers inaccessibles des contreforts pyrénéens des pays de Sault, de Donezan, de Capcir, de Fenouillèdes, de Petra-Pertuzès et de Sournia, ils commencèrent une véritable guerre de partisans pour la cause unique de leur indépendance.

Cette guerre, d'ailleurs, devait durer un demi-siècle. Les lieutenants de Montfort ne pourront pas soumettre ces désespérés, même avec le concours de l'Aragon, et ce ne sera que cinquante ans après, que les seigneurs du pays reconnaîtront la suzeraineté du roi de France.

Dans le reste du pays sans défense, les croisés n'avaient d'ailleurs qu'à se montrer pour obtenir la soumission des autres habitants.

Simon de Montfort, pendant ce temps-là, guerroyait du côté de Lavaur où les hérétiques opéraient des soulèvements redoutables autour de Pierre-Roger de Cabaret.

Pierre ayant appris qu'une armée puissante de catholiques français et allemands marchait sur le Midi, s'était enfermé dans sa forteresse.

Cependant, Simon se soumettait tout le pays et Pierre comprit la nécessité de négocier avec lui.

— Je me joindrai à vous contre les hérétiques, lui dit-il,

et vous livrerai mon château, mais à la condition qu'en échange de ce domaine vous m'en donnerez d'autres.

— Soit, répondit Simon, j'accepte votre proposition.

Et l'on marcha sur Lavaur, centre principal des forces hérétiques après Albi.

Lavaur était une place forte puissante, retranchée derrière de massives murailles, protégées par des fossés profonds. Elle était, en outre, fournie de vivres et de munitions, de longtemps amassés.

Les défenseurs de la ville avaient juré de se défendre jusqu'au dernier et de s'ensevelir même sous ses ruines.

Un des plus vaillants chevaliers de l'époque, Alméric de Montréal, seigneur de Laurac, était venu, à leur appel, s'enfermer dans leur place-forte, avec quatre-vingts chevaliers d'élite décidés à vaincre ou à mourir.

Alméric était de ceux que les croisés avaient dépouillés de leurs domaines. Il avait vu passer aux mains de ses ennemis ses riches provinces, qui s'étendaient sur de vastes étendues autour de Castelnaudary.

Simon de Montfort n'avait avec lui qu'une armée médiocre, et bientôt il s'aperçut que tous ses efforts autour de Lavaur seraient vains.

Foulques, évêque de Toulouse, prend alors une résolution. Il se souvient qu'il a fondé à Toulouse une confrérie contre les hérétiques et il court faire appel à ses membres, qui se lèvent au nombre de cinq mille pour lui obéir.

A cette nouvelle, le comte Raymond assemble les Toulousains et s'efforce de leur persuader de se tenir en paix.

— Non, répondent les membres de la confrérie, nous avons promis de seconder les catholiques et nous ne pouvons pas manquer à notre promesse.

— Je ferai fermer la porte de la ville, s'écria Raymond, irrité; je la fermerai moi-même et, pour l'ouvrir, il vous faudra briser mon bras, qui fera corps avec les verrous eux-mêmes.

Mais, à son tour, il fut déjoué; les catholiques sortirent de Toulouse pour répondre à l'appel de leur évêque.

D'autre part, arrivait sous les murs de Lavaur, la croisade des évêques et des barons français.

Grâce à ces renforts, toute la ville put être cernée de troupes et le siège poussé avec activité.

Mais ce furent les croisés qui manquèrent bientôt de vivres et, cette fois encore, Foulques s'adressa aux bourgeois de Toulouse qui les ravitaillèrent.

Raymond qui eut pu les en empêcher et qui, d'ailleurs, en était sollicité, ne le fit pas. Il alla même jusqu'à se rendre au camp des croisés pour leur montrer qu'il entendait mettre, dans son esprit, les catholiques et les hérétiques sur un pied égal dans un sens de conciliation d'intérêts.

De nouveau, on s'efforça de l'amener à une réconciliation tant de fois et si vainement tentée jusqu'alors.

De nouveau, il promit tout ce qu'on voulut, mais ne voulut donner aucune des garanties exigées, puis, prétextant que Simon de Montfort faisait continuellement obstacle à ses bonnes intentions, il reprit encore une fois le chemin de Toulouse où, cette fois, il interdit aux bourgeois de ravitailler davantage le camp catholique.

Bernard de Comminge et le comte de Foix demeuraient aussi intraitables.

Leur avis était que Simon de Montfort ayant l'intention manifeste de s'emparer de leurs Etats, réconciliés ou non, ils en seraient quand même dépouillés, sous un prétexte ou sous un autre.

— Restons chez nous, disait le comte de Foix, et luttons-y pour notre droit seigneurial jusqu'à la fin. Nous verrons ensuite à traiter avec Rome comme des ennemis négocient et traitent entre eux.

Tout à coup, on apprit qu'une armée d'Allemands venait d'arriver à Montjoyre, à trois lieues de Toulouse, dans le but de joindre le camp de Lavaur.[1]

Le fils du comte de Foix, Roger, résolut d'aller la nuit dans la forêt se mettre en embuscade pour arrêter ces renforts.

Les Allemands s'avançaient sans défiance, lorsque soudain, au point du jour, ils se trouvèrent environnés d'ennemis qui firent d'eux une horrible boucherie.

Simon de Montfort averti, accourut avec une armée, mais il n'arriva que pour enterrer les morts. Roger et les siens étaient rentrés dans Toulouse avec leur butin.

Pâques était proche, et Foulques qui devait, en cette solennité, faire les ordinations dans sa cathédrale, s'en trouvait embarrassé canoniquement à cause de la présence, dans la ville, de Raymond qui était sous l'interdit et l'anathème.

Un envoyé de Foulques vint en son nom prier Raymond d'avoir égard à cette difficulté disciplinaire et de s'absenter de Toulouse, sous un prétexte quelconque, pendant les quelques heures nécessaires à cette cérémonie.

— Je suis aussi malin que l'évêque de Toulouse, répondit le comte, et je ne tomberai pas dans un piège aussi grossier. C'est moi, au contraire, qui lui donne l'ordre de sortir immédiatement et sans délai de mes domaines.

Quand cette réponse fut apportée à Foulques, il s'écria avec feu :

— Allez rapporter mes paroles au comte. Le comte de Toulouse ne m'a pas fait évêque; ce n'est ni par lui ni pour lui que l'Eglise a choisi mon humble personne. Je ne suis

(1) Au nombre de 6000 disent les uns, de 1500 disent les autres. Nous rappelons à nos lecteurs que la certitude, en histoire, est trop souvent et malheureusement un mythe et qu'en particulier les documents de la guerre contre les Albigeois sont des plus incertains malgré tous les efforts faits par les critiques pour en tirer quelque chose de clair et de précis. Comme toujours on ne peut que se servir de ce que l'on a et l'on peut entendre autant de sons différents que de cloches diverses.

pas un intrus, et la violence d'un tyran ne me fera pas
sortir d'un siège qu'elle ne m'a pas donné.

« Qu'il vienne, s'il l'ose, le tyran! entouré de ses satellites
et les armes à la main; je l'attendrai seul et sans armes; je
suis prêt à souffrir la mort pour entrer dans la gloire. Car je
ne crains pas les hommes et j'attends le jugement de Dieu. »

Raymond, qui n'avait pas l'intention d'aller aussi loin, ne
bougea pas. Foulques fit ses ordinations et, quelques jours
après, regagna le camp des croisés.

La disette y sévissait et Lavaur résistait toujours, malgré
les efforts des assiégeants dont les travaux du jour étaient
détruits chaque nuit par les assiégés, qui allaient les incen-
dier au moyen d'une galerie qu'ils avaient creusée sous leurs
murs.

Simon de Montfort, désespérant du succès, assembla les
chefs et leur dit :

— Quelqu'un de vous a-t-il un moyen à proposer pour
remédier aux inconvénients de cette galerie?

L'un d'eux prit la parole et dit :

— Il faudrait en boucher l'ouverture avec du bois vert,
allumer ensuite, derrière, du bois sec arrosé de goudron et
recouvrir le tout d'herbes et de foin humides.

L'avis fut suivi et on entretint ce foyer, de sorte que la
fumée âcre aspirée par la galerie la rendit impraticable aux
assiégés, ce qui donna le temps de combler le fossé et de
miner le mur que les béliers attaquaient de leur côté.

Bientôt la brèche fut suffisante et l'on cria :

— A l'assaut!

Aussitôt tous s'élancèrent à l'escalade à l'aide des échel-
les, tandis que le clergé chantait l'hymne : *Veni sancte
Spiritus*.

C'était une marée humaine qui déferlait vers les remparts,
un véritable mascaret dont les vagues renversées étaient
aussitôt remplacées par d'autres vagues.

Partout où il passait avec ses satellites,
il laissait des ruines et des horreurs. (P. 117.)

Les assiégés lançaient une grêle de flèches, de piques, des tisons ardents, des torrents d'eau bouillante.

Ce fut en vain. Rien ne pût arrêter l'ardeur des soldats catholiques, qui bientôt franchirent le mur comme un torrent humain et envahirent la ville, massacrant tous ceux qui leur opposaient de la résistance.

Le reste fut fait prisonnier; cette fois, on épargna les femmes et les enfants, mais Alméric de Montréal et les quatre-vingts chevaliers, ses compagnons, furent condamnés à être pendus ou décapités.

La sœur d'Alméric et son amie Giralda, sommées de se convertir, refusèrent obstinément. Les soldats les précipitèrent dans un puits et les y lapidèrent. En outre, quatre cents hérétiques qui refusèrent également d'abjurer l'hérésie furent condamnés au bûcher et brûlés.

C'étaient les représailles du guet-apens de la forêt, auquel cependant ces hommes n'avaient pas participé. Mais telles sont partout, hélas! les horribles lois et coutumes de la guerre.

Simon de Montfort, maintenant, s'apprêtait à aller envahir et conquérir les Etats de Raymond de Toulouse, donnés d'avance par sentence d'anathème à celui qui s'en emparerait.

VI

Avant d'entreprendre cette invasion, les légats envoyèrent des députés à Raymond de Toulouse pour l'avertir encore une fois d'avoir à se réconcilier complètement avec l'Eglise, faute de quoi l'armée catholique allait se tourner contre ses Etats.

Le comte de Toulouse, cette fois encore, s'émut du danger imminent et essaya de l'éloigner comme il avait pris l'habitude de le faire, avec des promesses et des arrière-pensées de parjure.

Mais, cette fois, il ne fut pas écouté et la marche en avant fut résolue.

Les populations des bourgs, des villages et des petits châteaux n'essayèrent pas de résister aux vainqueurs de Lavaur. Seul, un frère du comte de Toulouse, Baudoin, retranché à Montferrand, refusa d'ouvrir les portes de sa forteresse.

Mais, bientôt, obligé de capituler, il se rendit, et on lui laissa ses biens et la vie à tous, sous promesse de ne plus jamais combattre contre l'Eglise.

Baudoin n'était pas, à proprement parler, un hérétique,

et sa résistance n'avait été que celle de tout homme qui
défend sa propriété.

Il accourut à Toulouse et s'efforça de décider son frère
Raymond à abandonner les hérétiques et à se rattacher aux
orthodoxes.

Mais Raymond ne voulut, cette fois encore, rien entendre.

— Tu es un faux frère, lui dit-il, je sais que tu es catholique de cœur et l'as toujours été. Je me demande même
comment ces fils du diable ont perdu leur temps autour de
ton château. Pour un frère, ils t'ont bien maltraité et tu y
aurais passé comme d'autres, si, comme je l'ai appris, Foulques n'avait pas intercédé pour toi. Si donc tu as été traité
ainsi, comment le serai-je, moi ? Je n'ai aucune confiance
dans les papistes. C'est une race d'enfer et aucune de leurs
promesses n'a, à mes yeux, plus de solidité qu'un fétu de
paille. Fais ce que tu voudras et laisse-moi.

— Je vois qu'il est impossible de te convaincre, dit
Baudoin, adieu.

Il partit et vint rejoindre Simon de Montfort qui faisait
de rapides progrès, se soumettait de nouvelles places et
occupait Castelnaudary, forteresse importante, qui tenait
tout le pays entre Carcassonne et Toulouse.

D'autre part, un renfort lui arrivait dans les personnes
de Thibaut de Bar et du comte de Châlons avec leurs
troupes.

Ainsi fortifié, Simon se décide à aller mettre le siège
devant Toulouse.

La ville était forte et de tous côtés, chassés par les catholiques victorieux, les Albigeois y étaient accourus en foule.

Cependant, les légats furent informés qu'une députation
de Toulousains, envoyés par le comte Raymond, demandait
audience.

— Que désirez-vous ? leur demandèrent-ils.

— Seigneurs légats, dirent-ils d'un ton humble, nous

sommes douloureusement surpris de nous voir traités en ennemis irréconciliables, alors qu'au contraire, nous sommes reconciliés avec l'Eglise et prêts à tenir tous nos engagements.

— Nous ne demandons pas mieux, répondirent les légats, de vous traiter autrement. Puisque vous vous déclarez prêts à tenir tous vos engagements, tenez-les. En tout cas, si aujourd'hui vous ne voulez pas être traités comme des recéleurs et complices d'hérétiques, renvoyez, de vos murs, Raymond et ses partisans, ainsi que tous les Albigeois et Manichéens qui viennent y chercher refuge. N'empêchez pas, en un mot, la sentence du siège apostolique d'être exécutée contre eux, et craignez vous-mêmes d'en subir les effets.

— Seigneurs légats, dirent les Toulousains, nous ne pouvons consentir à ce que vous nous demandez.

Et ils s'en furent.

Alors Foulques, évêque de Toulouse, ordonna à son clergé de quitter la ville désormais excommuniée.

A sa suite, le prieur de la cathédrale et les prêtres sortirent pieds nus emportant avec eux l'Eucharistie.

Pendant ce temps-là, Raymond et les bourgeois de Toulouse, aidés du comte de Foix et de Comminges, arrivés avec leurs vassaux se préparèrent à une résistance acharnée.

Le comte de Toulouse avec une troupe éprouvée s'en fut rompre le pont de la rivière Hers et s'opposer à la marche de l'armée catholique et à son passage.

Ceux-ci, cependant, trouvèrent un gué et passèrent, malgré Raymond, qui se replia devant le nombre et revint dans ses murs poursuivi par quelques chevaliers qui espéraient l'atteindre.

Mais sur le point de rentrer dans la ville, Raymond qui fuyait en apparence, fit une volte-face soudaine, fondit sur ses adversaires et fit prisonniers ceux qu'il ne tua pas.

Au nombre des morts, était un des fils du comte de Montfort.

L'insuccès attendait là les croisés.

Simon de Montfort fut obligé de lever le siège de la ville.

Du reste, une autre difficulté venait pour lui de ce que ses auxiliaires, barons et évêques, en vertu d'un usage en vigueur à cette époque, promettaient généralement leur concours pour une période de quarante jours et s'en allaient, les quarante jours expirés, sans se préoccuper du besoin que l'on pouvait encore avoir d'eux, quelqu'urgent fut-il même. Ils ne pouvaient, en effet, laisser leurs châteaux sans défense à la merci d'un coup de main de quelque seigneur voisin.[1]

Raymond et les Toulousains reprirent nombre de leurs châteaux conquis et mal défendus et, à leur tour, se mirent à faire campagne.

Montfort se consolait en se disant :

— Notre cause est celle du Christ, toute l'Eglise prie pour nous, nous ne saurions périr dans la lutte.

Raymond, non seulement reprenait ses places, mais provoquait même des défections dans le parti catholique. Il allait assiéger Carcassonne, tandis que le comte de Foix harcelait Montfort, qui se jeta dans Castelnaudary. Ils y coururent pour s'emparer de Simon, à l'appel duquel accoururent le seigneur évêque de Cahors et l'abbé de Castres avec leurs soldats, au devant desquels, ne gardant avec lui que soixante hommes, il envoya le reste de la garnison pour assurer et protéger leur approche.

Il réunit alors ses soldats et leur dit :

— Je suis à peu près seul ici et sans grandes provisions,

---

(1) Inutile de rappeler qu'à cette époque, selon les mœurs féodales, chaque seigneur passait son temps à guerroyer contre ses voisins.

entouré de puissants ennemis; entre eux et moi, je vous laisse libres de choisir.

Tous jurèrent de vaincre ou de mourir à ses côtés sans défaillance.

Le comte de Foix, cependant, préparait une embuscade aux envoyés de Simon vers Burgard de Montmorency et ses troupes catholiques.

Une mêlée sanglante s'engagea bientôt; c'était une boucherie sans nom; sans cris, sans paroles, tous s'égorgeaient; on n'entendait que le bruit du fer contre le fer, nul ne demandait ni ne faisait grâce, les blessés eux-mêmes se laissaient écraser sous les pieds des chevaux sans proférer une plainte.

Le sort du combat penche un instant du côté des hérétiques; les catholiques plient, mais, bientôt ralliés par leurs chefs, ils se précipitent de nouveau avec une ardeur nouvelle à travers la cavalerie du comte de Foix qu'ils mettent en déroute.

Le carnage recommence plus affreux encore, et bientôt les catholiques sont maîtres de la place.

Des fuyards qu'on égorge, espérant échapper à la mort, se mettent à crier :

— A moi, Montfort! à moi, Montfort!

A ceux qui crient ainsi, on répond :

— Si vous êtes des nôtres, frappez sur ceux qui fuient!

Affolés, ces malheureux massacrent leurs compagnons de défaite, dans l'espoir d'être épargnés.

Vain espoir, on les massacre malgré tout.

Telle fut la bataille de Castelnaudary.

Cependant, telle était la fluctuation des choses, qu'aucune conquête n'était fixe et les croisés ne comptaient pas que des succès.

Le siège de Moissac fut malheureux pour eux, tout d'abord, et ce ne fut qu'avec de grands efforts qu'ils par-

vinrent à ébrécher la muraille, non sans avoir perdu beaucoup des leurs. La place capitula et la garnison fut massacrée.

Peu de temps après, la citadelle de Muret était également
prise, place importante pour les croisés.

Il ne restait à Raymond de Toulouse, alors, que Toulouse
et Montauban.

Raymond songea alors à aller solliciter le secours du roi
Pierre d'Aragon.

Pierre, il est vrai, était catholique, il n'avait jamais été
incriminé pour sa foi, mais il était ennemi de Simon de
Montfort, et Raymond avait l'espoir qu'à défaut de lui donner le secours de ses armes, tout au moins il pourrait le
servir auprès du pape.

L'hiver était venu, entravant la guerre. Simon était à
Pamiers où il réunit les évêques en synode, dans le but
d'établir un coutumier nouveau pour les pays conquis.

En même temps, Pierre d'Aragon obtenait du pape qu'un
concile serait tenu à Avignon pour régler les affaires pen-
dantes avec les comtes de Toulouse, de Foix, de Comminges
et de Béarn, au mois de janvier 1213.

Puis il demanda à Simon une entrevue pour réclamer les
domaines des comtes ses vassaux.

Au lieu de se réunir à Avignon, le concile se réunit à
Lavaur, mais les évêques de Toulouse, d'Albi, de Comminges et l'archevêque de Narbonne dirent au légat du pape :

— Il est impossible d'admettre le comte de Toulouse à se
justifier de l'hérésie et du meurtre de Pierre de Castelnau,
car il ne respecte aucun serment. Après son retour de Rome,
sa conduite n'en a été que plus mauvaise. Il est cause que
mille croisés et beaucoup d'ecclésiastiques et de laïques ont été
tués. Il a emprisonné et banni des clercs honorables et leur
a causé mille préjudices. C'est un hérétique tel, qu'il ne
mérite nullement de rentrer dans l'Eglise, sauf décret spécial
du pape lui-même.

Et l'on répondit au roi d'Aragon :

— Seigneur roi, ce que vous demandez est impossible. Le comte de Toulouse a dédaigné toutes les offres qui lui ont été faites par le Siège Apostolique et il s'est rendu indigne de tout pardon. Le comte de Comminges s'est allié avec les hérétiques malgré son serment, et ses conseils au comte de Toulouse ont causé les plus grands maux. Le comte de Foix a toujours été et est encore le plus ferme soutien des hérétiques ; ses crimes sont innombrables. Les crimes du vicomte de Béarn ne sont pas moindres, et il est excommunié comme les autres.

— Eh bien ! dit Pierre, accordez au moins une trêve jusqu'à la Pentecôte, ainsi il me sera possible d'avoir recours au pape qui peut seul terminer cette affaire.

Mais les évêques, comprenant que cette demande n'avait encore pour but que de gagner du temps, la repoussèrent.

Alors, furieux, Pierre d'Aragon s'écria :

— Puisque vous agissez ainsi, je me déclare le protecteur du comté de Toulouse et de ses alliés qui sont, après tout, mes vassaux.

— Seigneur roi, dit le légat, vous ne ferez pas une semblable chose, vous, prince catholique.

— Adieu, dit Pierre irrité, je ferai ce que j'ai dit.

Quelques jours après, il recevait le serment de fidélité de Raymond, de la noblesse et de la bourgeoisie de Toulouse, et faisait appel à Rome.

Les ambassadeurs partirent pour l'Italie. Ils devaient y rencontrer des adversaires décidés, envoyés au pape par les évêques.

La face de la guerre changeait encore une fois et le roi d'Aragon se jetait, à son tour, dans la mêlée.

Encore une fois, Simon de Montfort perdit toutes ses conquêtes dans le pays toulousain, sauf la place de Pujol.

Pierre d'Aragon était en campagne avec deux mille chevaliers et quarante mille fantassins, traînant un grand matériel de siège.

Il accourait assiéger Muret, où il n'y avait que trente chevaliers et quelques soldats catholiques.

Montfort arriva tout à coup avec une petite troupe de quatorze cents hommes, prêts à mourir pour sauver Muret, dont la chute eut amené le soulèvement de tout le pays.

Simon de Montfort met tout son espoir dans la prière ; dans chaque église où il entre, il dépose son épée sur l'autel et dit :

— Seigneur, quelqu'indigne que je sois, tu m'as cependant choisi pour défendre ta cause. Je prends cette épée sur ton autel ; accorde-moi qu'en combattant pour ton honneur, je combatte avec justice.

Pierre d'Aragon le laisse entrer dans Muret avec sa petite troupe, qui y trouvera à peine de quoi manger.

Cependant, les évêques, effrayés devant les forces de Pierre, sollicitent de lui une entrevue pour y parler de paix.

— Une entrevue ! s'écria Pierre en éclatant de rire, ce n'est vraiment pas la peine ! On leur répondra demain !...

Les évêques s'en retournent, raillés par toute l'armée des hérétiques qui leur crie :

— A demain la réponse !

Rentrés à Muret, ils célèbrent la messe et, en habits sacerdotaux, prononcent l'excommunication contre le roi et les comtes coalisés.

Du reste, cela même ne les rassure pas et ils décident d'aller nu-pieds trouver le roi pour le supplier de ne pas entrer en révolte ouverte contre l'Eglise.

Mais ils ne peuvent même pas sortir de la place ; déjà les assiégeants lancent une grêle de pierres et de flèches. Il n'y a plus d'autre ressource que de combattre jusqu'à la mort.

Montfort, en ce terrible moment, s'écrie :

— Seigneur, je vous consacre et vous donne mon âme et mon corps!

Et aux siens qui lui conseillent de dénombrer sa petite armée :

— Inutile, dit-il, nous sommes assez pour vaincre avec l'aide de Dieu et poursuivre l'ennemi jusqu'aux portes de Toulouse!

Ils sont huit cents cavaliers et quelques fantassins!

L'évêque Foulques arrive, en habits pontificaux, portant une relique de la vraie croix, et l'évêque de Comminges s'écrie aux soldats :

— Allez, au nom de Jésus-Christ; j'atteste et promets qu'au jour du jugement, quiconque aura péri dans ce glorieux combat, recevra, sans passer par le purgatoire, les récompenses éternelles et la gloire des martyrs, pourvu qu'il ait fait l'aveu de ses fautes et qu'il en ait la contrition, ou, au moins, qu'il ait la ferme résolution de confesser ses péchés après la bataille.

Tous les évêques présents s'écrient :

— Nous attestons la vérité de cette promesse.

Alors, tous confessent publiquement leurs péchés, et Foulques prononce sur eux une absolution générale.

Pendant ce temps là, les ennemis tenaient conseil.

— Il faut, dit Raymond, les attendre ici, les épuiser en les criblant de flèches d'ici même, et les obliger à rentrer dans la ville où ils seront vaincus par la faim et contraints de se rendre.

— Les attendre ici! s'écria le roi d'Aragon, mais ce serait une lâcheté, avec une telle facilité de les écraser.

Pierre était si sûr de la victoire qu'il ne fit même aucune combinaison de bataille et s'avança avec sa cavalerie, marchant lui-même avec le gros de l'armée, contrairement à l'usage des rois, qui était de rester au troisième corps.

Simon, de son côté, se mit à longer la Garonne pour

tromper ses ennemis, tournant ainsi le dos au camp et laissant croire qu'il voulait s'échapper.

Mais, tout à coup, changeant de direction, il se mit en bataille dans la plaine et lança son avant-garde sur les coalisés, dont les ailes furent culbutées, tandis que le reste de l'armée catholique enfonçait le centre des Aragonais.

La mêlée, aussitôt, devient atroce.

Le roi d'Aragon se bat avec rage, abat les chevaliers et en voit tomber beaucoup des siens à ses côtés. Simon, lui aussi, malgré ses soixante-quatre ans, se bat comme un lion.

Tout à coup, une terrible nouvelle est criée sur le champ de bataille ; le roi d'Aragon est tombé, il est tué.

C'était vrai. Ainsi venait d'expirer ce héros valeureux, qui avait naguère combattu dans quinze batailles contre les Maures.

Mais voici que la terreur se met dans l'armée des coalisés qui, bientôt, entre en déroute et fuit. C'était la fin singulière de cette bataille non moins singulière.

Simon fit rechercher le corps du roi Pierre d'Aragon, versa des larmes sur sa dépouille et le fit inhumer avec honneur dans le couvent de Sixena.

Il remercia Dieu du succès inespéré de cette journée mémorable, tandis que les ennemis de l'Eglise étaient dans la consternation.

Le comte de Béarn se réconcilia avec l'Eglise, mais Raymond annonça qu'il partait pour Rome se plaindre au pape de la persécution dont il se prétendait l'objet.

Les autres persistèrent dans leurs sentiments, et Simon de Montfort, à qui venaient d'arriver de nouveaux renforts, marcha vers de nouveaux succès.

VII

Le 8 janvier 1215, s'ouvrait, à Montpellier, un concile convoqué par le légat Pierre de Bénévent, sous la protection de Simon de Montfort, qui campait aux environs de la ville, car les habitants, quoique catholiques, le détestaient.

Mais, déjà, Innocent III préparait, à Rome, l'ouverture si longtemps attendue, du quatrième concile œcuménique de Latran.

De toutes parts, ceux qui devaient assister à cette solennelle assemblée prenaient le chemin de la ville éternelle et y affluèrent dès les premiers jours de novembre de cette année.

Soixante-et-onze primats et métropolitains, quatre cent douze évêques, neuf cents abbés et prieurs, sans compter une foule d'érudits du monde chrétien, arrivèrent à Rome.

Raymond de Toulouse et son fils, les comtes de Foix et de Comminges, eux aussi, avaient pris le même chemin.

De Constantinople même, étaient arrivés deux patriarches qui, tous deux, occupaient le même siège, leur élection étant indécise. Le patriarche d'Antioche, très malade, avait délégué l'évêque d'Anchéra; celui d'Alexandrie, prisonnier

des Sarrasins, avait envoyé un diacre, son frère. Celui de
Jérusalem était arrivé, ainsi que celui des Maronites et
l'archevêque de Tyr. Frédéric et Othon, l'empereur de
Constantinople, les rois de France, d'Angleterre, d'Aragon,
de Castille, de Hongrie, de Chypre, de Jérusalem, des villes
même, avaient envoyé des ambassadeurs.

Les assistants de droit au concile se trouvaient au nombre
de deux mille deux cent-quatre-vingt-trois. Jamais, ni la
Rome ancienne, ni la Rome nouvelle n'avaient vu pareille
assemblée.

Ce fut le 11 novembre 1215 que s'ouvrit le Concile, au
milieu d'une affluence telle, que deux évêques et un archevêque moururent étouffés dans la foule.

Innocent III, monté sur son trône, ouvrit la solennelle
assemblée et, l'ayant bénie, prit la parole pour le discours
d'ouverture, sur ce texte évangélique : « — J'ai désiré d'un
ardent désir manger cette Pâque avec vous avant ma
Passion.[1] »

Devant ses auditeurs étonnés, le pontife annonçait sa
mort prochaine. Nul ne se doutait, en le voyant dans la force
de l'âge, que, quelques mois après, il descendrait, en effet,
prématurément dans la tombe.

Néanmoins, il se plaint d'avoir à boire ce calice; il eut
voulu voir s'achever son œuvre, Jérusalem délivrée et
l'Église libre, et cependant, son sacrifice est fait.

Après avoir pleuré sur l'oppression de la Terre-Sainte
par les fils du Prophète et appelé les rois à une nouvelle
croisade, il aborde la question des hérésies qui désolent la
chrétienté.

« Ne nous y trompons pas, dit-il, c'est par le Sanctuaire
que l'œuvre de la réformation doit commencer, avec la res-
tauration des mœurs, pour le triomphe de l'Église. Il faut,

____

(1) Luc, xx, 13.

avant tout, que la conduite des évêques soit irréprochable et
que les prêtres imitent leurs pasteurs. »

Les travaux, ensuite, commencèrent, répartis et coör-
donnés en soixante-dix chapitrés.

Avant tout, c'est le Symbole de la foi catholique que le
concile établit et confirme et, à sa lumière, on examine
toutes les doctrines théologiques professées dans le monde
chrétien.

L'hérésie manichéenne fut ensuite examinée et condamnée
dans tous ses aspects, en même temps que l'on sanctionnait
toutes les mesures de rigueur prises contre ses fauteurs.

De nouveau, le pape adjure les évêques de travailler
sans relâche à en extirper les dernières racines.

Les hérétiques avérés doivent être déférés sans merci au
bras séculier, dont le devoir est de les châtier impitoyablement.

Si le pouvoir temporel décline ces obligations rigoureuses ou fait cause commune avec les hérétiques, il
encourt l'excommunication des métropolitains et doit être
déféré au pape aussitôt. Le pape ne peut pas laisser ravager
son troupeau et agira toujours selon son pouvoir apostolique.

La religion est la première loi de l'Etat; hors d'elle, il
n'y a que confusion et chaos.

Représentant de Dieu, organe du Verbe, dépositaire de
l'autorité divine, le pape doit en appliquer les lois à l'Humanité tout entière sous peine de trahir sa mission. Toute
résistance est un crime qui mérite châtiment, une révolte
insensée contre l'éternel Roi des siècles.

La papauté n'a d'autre but que d'amener le royaume de
Dieu sur la terre, afin de conduire l'homme au royaume du
ciel. Elle doit triompher avec des armes en rapport avec les
époques.

Ce pouvoir et ce devoir, Innocent III déclare qu'il ne les
abdiquera jamais.

Le Concile, ensuite, aborde les chapitres concernant la

constitution de l'Eglise et la coordination de ses pouvoirs intérieurs.

Le grand but d'Innocent III, toutefois, en réunissant cet œcuménique concile, est surtout de prêcher encore une fois la guerre sainte contre les infidèles et de provoquer une nouvelle croisade en Orient, afin d'arracher définitivement le tombeau du Christ aux mains des mécréants, et, en portant la guerre au cœur de leur empire, de les empêcher de fondre sur l'Occident.

Aussi, par un solennel décret, il ordonne, avec l'assentiment du Concile, que la croisade soit prêchée sans interruption et avec zèle, afin que les croisés se trouvent réunis le jour des calendes de juin 1217, soit à Brindes, soit à Messine, où des vaisseaux leur seront préparés et où le pape Innocent lui-même se propose d'aller bénir leur embarquement.

Cependant, les chefs des Albigeois étaient là, et il fallait s'occuper d'eux.

A la question de doctrine allait succéder la question des personnes.

Raymond de Toulouse, son fils, les comtes de Foix et de Comminges furent introduits dans le Concile.

Ils s'avancèrent et vinrent se prosterner aux pieds du pape.

— Relevez-vous, leur dit Innocent III avec bonté, prenez la parole et exposez vos réclamations.

Raymond parla et se plaignit au pape en son nom et au nom de ses alliés, d'être les victimes innocentes de cette guerre contre l'hérésie. Ne s'étaient-ils pas soumis, en effet, maintes fois aux légats et déclarés pour la foi catholique? Eh bien! malgré cela on les avait dépouillés de leurs principautés avec autant d'injustice que de barbarie. Le plus coupable, à leurs yeux, était l'ambitieux Simon de Montfort, qui n'aspirait qu'à des conquêtes et à des dépouilles.

Les comtes n'étaient pas dépourvus de partisans et même de défenseurs au sein même du concile et dans ses plus hauts rangs, s'ils y avaient aussi et davantage encore d'ennemis.

Quand Raymond eut parlé, un cardinal et un abbé du Biterrois plaidèrent chaleureusement sa cause devant le pape et l'assemblée.

Un orage allait éclater.

En effet, le fougueux évêque de Toulouse, Foulques, se leva et prononça contre Raymond un violent réquisitoire, applaudi par un grand nombre de personnes.

— Je voudrais bien, s'écria-t-il en terminant, savoir comment le comte s'y prendrait pour affirmer que son pays n'est pas plein d'hérétiques tolérés et favorisés par lui; qu'il n'a pas fait périr une foule innombrable de croisés, alors que, dans une seule circonstance, et dans un infâme guet-apens, il en a tué six mille!

— Vos exagérations, s'écria Raymond, ne tromperont que les ennemis de la vérité. Vous parlez de gens qui ont péri par ma faute, et vous, par vos discours artificieux, n'avez-vous pas conduit plus de dix mille Toulousains à la mort?

— C'est vrai! s'écria un chanoine de Lyon dont le mérite était honoré, comment pouvez-vous, seigneur évêque de Toulouse, montrer, devant cette auguste assemblée, tant de violence et d'injustice? Examinez votre propre conscience.

Après lui, un ancien légat, l'archevêque de Narbonne, parla en faveur de Raymond, lui aussi, mais, surtout contre Simon de Montfort, parce que celui-ci n'avait pas voulu lui céder le duché de sa ville épiscopale.

D'autres encore parlèrent contre le chef de la croisade, qui ne manquait pas d'adversaires et d'ennemis, de sorte que le pape Innocent III était perplexe.

— Ne condamnez pas Montfort, dit l'évêque d'Agde, Théodise de Gênes, ayant aussi titre de légat; il a combattu pour l'Église, il n'a reculé devant aucun danger ni aucune fatigue; il a bravé la mort, on ne saurait le priver de sa récompense.

Innocent III était un homme juste et pondéré, et devant le tableau des horreurs de cette guerre que déroulaient devant lui ces discussions, son âme était remplie de douleur.

Le débat actuel portait sur le point de savoir si, entre les conquérants croisés et les comtes dépouillés, le droit brutal de la conquête l'emporterait sur le droit sacré de l'hérédité.

Innocent commença par gémir sur tant d'excès, il protesta de son innocence à leur égard, déclarant formellement que maintes fois l'on avait complètement méconnu ses intentions et travesti ses ordres. Maintenant, il fallait assurer la paix, maintenir le bien et réparer autant que possible les maux.

L'assemblée, attentive aux paroles du pontife, ne pouvait plus dès lors avoir de doute : Innocent III, à son tour, penchait en faveur des princes héréditaires.

Les défenseurs des comtés exultaient, mais de sourdes rumeurs couraient dans les rangs de leurs adversaires irréconciliables, formés par la majorité des évêques français et méridionaux qui s'écrièrent qu'ils maintiendraient, envers et contre tout et tous, les droits de la conquête et se ligueraient de nouveau, si cela était nécessaire, pour empêcher qu'on y portât atteinte.

Devant cet orage, Innocent III lui-même dût céder. La déchéance de Raymond fut prononcée et compensée par l'attribution d'un revenu viager; toutefois, on réserva quelques droits à sa femme et à son fils.

Quant aux comtes de Foix et de Comminges, on remit à plus tard et à la sagesse du pape, l'examen plus approfondi de leur cause.

Assurément, la sentence rendue contre le comte de Toulouse était un acte de spoliation aux yeux de beaucoup.

Innocent la déplorait intérieurement, car elle n'était pas en conformité avec les sentiments intimes de son cœur.

Cependant, on remarquera qu'elle était en rapport avec les mœurs de l'époque et qu'elle fut le fait de la majorité dans l'assemblée délibérante qui était le concile de Latran.

Le jeune fils de Raymond, cependant, reçut du pape un paternel accueil, des conseils excellents et des vœux émus pour un meilleur avenir.

Tout à son projet de grande et nouvelle croisade contre les infidèles, le pape se hâta de renvoyer les membres du Concile dans leurs pays respectifs afin que, sans tarder, ils y prêchâssent la guerre sainte.

Mais le résultat devait être inférieur aux espérances conçues à ce sujet. Le monde chrétien commençait à se détourner de ces grandes expéditions, qui n'avaient guère jusqu'ici rapporté que des déboires.

Innocent se mit en route lui-même pour la Péninsule. Mais, en chemin, une fièvre maligne le saisit, qui devint bientôt aigüe; elle se compliqua de paralysie, puis de somnolence; un assoupissement invincible annihila bientôt les dernières énergies du pontife qui, le 16 juillet 1216, s'endormit du dernier sommeil, alors qu'une longue carrière semblait lui être encore réservée, et après dix-huit ans, six mois et sept jours de règne.

Ainsi mourut cet homme dont l'activité semblait le cœur même de la vie du monde catholique.

Innocent III avait un vaste et puissant génie. La bonté équilibrait en lui la fermeté, et son amour pour la justice était grand. Impitoyable à l'endurcissement, son indulgence n'avait pas de bornes pour le sincère repentir.

Sa vie était irréprochable. Véritable souverain, il était, en même temps, un véritable anachorète, malgré une complexion délicate et une vie semée de graves maladies.

Son activité intellectuelle était telle qu'on n'a pas de lui

moins de quatre mille lettres, touchant à tous les intérêts de
la chrétienté, depuis les plus hauts jusqu'aux plus infimes.

Ce fut dans la basilique de Saint-Laurent, à Pérouse,
que ce pontife fut inhumé pour dormir son dernier sommeil.

Honorius III, le 12 juillet 1216, prit la place d'Innocent
sur le trône de saint Pierre.

VIII

LA MORT D'UN HÉROS.

L'hérésie n'était pas pour cela éteinte ; la guerre allait
continuer et, à la lutte pour l'intégrité de la foi, ajouter toutes
sortes d'autres combats pour des intérêts individuels et moins
nobles.

Dominique, qui avait été souvent présent sur le terrain
des premiers combats, avait mûri et exécuté un projet ; celui
d'instituer un ordre religieux dont la mission consisterait à
évangéliser incessamment les populations parmi lesquelles
sévissait l'hérésie.

Deux habitants de Toulouse s'étaient joints à lui comme
disciples, lui offrant leurs maisons, situées près du château
Narbonnais, pour y établir son œuvre.

C'était au commencement de l'an 1215, et Dominique s'y
établit avec six compagnons.

L'évêque Foulques, de son côté, allouait à la congrégation
nouvelle le sixième des dîmes diocésaines, pour l'aider à vivre.

Dominique était allé, lui aussi, au concile de Latran et
avait obtenu du pape des bulles d'approbation pour son
nouvel Ordre, qui devait être désigné sous le nom d'Ordre
des Frères-Prêcheurs.

Ce fut avec une rapidité étonnante, que cet Ordre se

répandit. En trois ans, en effet, il comptait déjà soixante couvents, divisés en huit provinces, et Dominique était passé en Espagne l'établir dans la capitale de l'Andalousie, tandis que sept de ses frères venaient ouvrir une maison à Paris.

Un instant, Dominique avait pensé à fondre sa famille avec la grande famille franciscaine, qui commençait alors à se former sous l'impulsion de l'illustre François d'Assise, et il offrit à ce dernier cette alliance.

Mais François d'Assise et Dominique étaient les deux hommes les plus dissemblables et du caractère le plus opposé, et François répondit simplement mais nettement :

— Non, mon cher frère, non, nos deux institutions sont et doivent rester séparées, quoique toujours amies, pour ramener l'homme à Dieu par des routes différentes.[1]

La mission de Dominique, d'ailleurs, touchait à sa fin,

(1) Il résulte de recherches sur S. François d'Assise et son œuvre, que ce thaumaturge n'avait nullement l'intention de créer un nouvel ordre monastique. Les moines, à cette époque, pullulaient et étaient loin de vivre selon l'esprit de leurs institutions. Les désordres dans le clergé tant régulier que séculier étaient fort grands. Aussi, le but de saint François paraît avoir été de disséminer dans la société, sans autre lien qu'un lien spirituel invisible, des individus isolés, pénétrés du pur esprit de l'Evangile, et décidés à donner partout, aussi bien à la société laïque qu'à la société religieuse régulière ou séculière, l'exemple des vertus du royaume de Dieu, si profondément altérées et méconnues dans cette époque troublée. Ce fut le pape Innocent III qui devant cette œuvre, qu'il trouva sans doute dangereuse pour les pouvoirs organisés, exigea qu'elle fut enfermée dans la formule monastique. S. Francois d'Assise avait raison, peut-être, comme un saint qu'il était, chargé sans doute d'une mission providentielle spéciale qu'il ne put accomplir. Innocent III avait raison, aussi, sans doute, comme potentat. François d'Assise se soumit parce qu'il était un saint et fidèle imitateur de Jésus-Christ, il le fut jusqu'à la croix dont les glorieux stigmates attestèrent au monde, sur sa personne, qu'il était un de ceux qui peuvent dire comme l'Apôtre : Je ne vis plus, mais c'est Jésus-Christ qui vit en moi.

(V. P. Sabatier. *Opuscules de critique historique*, *Regula antiqua fair. et soror. de pœnitentia seu tertii ordinis S. Francisci.* (Paris 1901), et le R. P. Mandonnet, O. P.: *Les origines de l'Ordo de Pœnitentia*; comptes-rendus du IVᵉ Congrès scientifique intellectuel des Catholiques. (Extrait) Fribourg (Suisse) 1898, 8ᵒ 33. p.)

et bientôt il s'endormit du dernier sommeil, laissant son œuvre en pleine prospérité. —

Simon de Montfort était revenu du Concile après avoir vu légitimer ses droits sur les provinces conquises; mais, quand il voulut prendre possession du duché de Narbonne, devant la résistance qu'il rencontra, il dut en appeler de nouveau à Rome.

En attendant, il partit pour Paris, demander au roi de France l'investiture de ces provinces contestées. Auparavant, il avait reçu serment de fidélité des Toulousains, pour lui et ses descendants, et leur avait lui-même promis solennellement :

— Je vous serai un bon et fidèle seigneur, pour tous, hommes et femmes de Toulouse et de ses faubourgs, en l'honneur de Dieu et de la sainte Eglise. Je protégerai l'Eglise et les bourgeois, dans leurs personnes et leurs biens, à la réserve du cours de la justice. Si je m'écarte de l'un ou l'autre de ces points, le conseil des prudhommes me rendra attentif à corriger l'abus et à ne pas tomber en péché de parjure.

Ayant nommé un sénéchal pour gouverner en son absence, il partit, recueillant sur sa route des acclamations enthousiastes.

Ce fut à Melun qu'il rencontra Philippe-Auguste, se reconnut son vassal et reçut de lui l'investiture des comtés de Narbonne et de Toulouse, des vicomtés de Béziers et de Carcassonne et de tous les fiefs que Raymond avait tenus du roi de France.

Raymond, alors, résolut d'organiser la lutte contre celui qui le supplantait, et, avec son fils, se rendit à Marseille qui se déclara prête à le soutenir. Avignon et Tarascon entrèrent dans la ligue et, tandis qu'Avignon proclamait le fils de Raymond son seigneur, celui-ci allait en Aragon demander des renforts.

Tout allait être à recommencer.

Les nouveaux seigneurs, en effet, perdant de vue la raison de leurs conquêtes, s'attribuaient à eux seuls la victoire,
oubliant qu'ils ne la devaient qu'à la cause de la foi. Ainsi,
leur orgueil allait se trouver puni.

Cependant, les frères Prêcheurs se répandaient partout,
jugeant le rôle des armes terminé, et prêts à répandre la
parole pacifique là où avait coulé le sang.

Le nouveau pape leur donnait mission d'attaquer de
front les erreurs sur le terrain des âmes, de les reconquérir
pied-à-pied et d'édifier ensuite les imprenables citadelles de
la doctrine catholique.[1]

De plus, le pape envoyait un nouveau légat, le cardinal
Bertrand, du titre de Saint-Jean et Saint-Paul, chargé de réconcilier les Albigeois avec l'Eglise, d'étouffer, sous les décom-
bres fumants des haines passées, les étincelles de révolte qui
menaçaient de rallumer l'incendie, de peser toutes les discordes et toutes les controverses dans la balance de l'équité.[2]

En outre, Bertrand devait instruire le différend qui exis-
tait entre l'archevêque de Narbonne et Simon de Montfort;
enfin, le légat devait veiller à apaiser et à régler toutes les
discordes.

Néanmoins, Simon était en butte aux complots de
nombreux adversaires.

Il était venu en Provence, sur l'ordre du pape, pour
quelques opérations répressives contre les hérétiques, lorsque Raymond de Toulouse, venant d'Aragon, en dissimulant
sa marche, rentra dans cette ville et reprit son ascendant sur
les Toulousains, qui se mirent à fortifier leur cité.

En vain le légat Bertrand fulmina l'excommunication
contre eux, ils accueillirent ses anathèmes avec le plus
profond mépris.

(1) Honorius, Ep. i, 190.
(2) Honorius, Ep. i, 241.

Simon de Montfort, à cette nouvelle, accourut devant Toulouse pour en faire le siège. Mais ses efforts furent vains contre les rebelles.

Pendant ce temps-là, une ligue terrible se formait contre lui. Jacques d'Aragon et le comte de Foix levaient des troupes, et le fils de Raymond soulevait, en sa faveur, Avignon, Marseille, Tarascon, Beaucaire et Saint-Gilles.

Le pape, alors, donne à son légat l'ordre de s'opposer à cette ligue et à l'invasion qu'elle médite, et somme les mécontents, de recourir, non aux armes, mais à la justice du Saint-Siège, sans violer la trêve édictée par le concile de Latran, sous peine d'anathème et d'interdit.

Honorius agissait même auprès du jeune roi d'Aragon, pour le détacher de la ligue. Puis il sommait Toulouse de rentrer dans le devoir et les autres villes de se tenir en paix.

L'âme de cette levée de boucliers était le jeune Raymond, qui, par jugement du concile, avait conservé ses droits héréditaires sur les terres de son père en Provence.

Le pape s'efforça de le calmer en lui montrant, par le sort du vieux comte de Toulouse, les rigueurs auxquelles il s'exposait. De même, il s'efforçait de calmer le comte de Foix.[1]

Mais on ne se dissimulait nullement, à Rome, l'inutilité de ces efforts.

Aussi Honorius se tourna-t-il vers Philippe-Auguste, qui était le suzerain du comte de Montfort, et comme tel, devait le protéger.

N'était-ce pas lui aussi bien que la religion que visaient ces soulèvements?

L'honneur du roi et celui de Montfort étaient inséparables, le roi de France devait le secourir.

Mais Simon de Montfort était au bout de sa carrière, et il allait bientôt mourir de la mort des héros.

(1) Honorius, *Épîtres*, passim.

On était en l'année 1218; le siège était devant Toulouse, et il semblait que cette ville ne pourrait guère prolonger sa résistance.

Un jour, Simon entendait la messe dans son camp, lorsque, vers l'Evangile, accourut un messager qui lui dit :

— Seigneur comte, accourez vite au secours des vôtres, les Toulousains viennent de faire une furieuse sortie, ils sont tombés sur les premiers retranchements du camp, qu'ils ont pris d'assaut.

— Attendez, dit Simon, que j'aie assisté aux divins mystères et vu le sacrement de notre rédemption.

Un autre messager arrive :

— Accourez, seigneur comte, accourez, s'écrie-t-il, les assaillants gagnent du terrain et nous ne pouvons déjà plus les repousser sans votre aide.

Mais Simon, de nouveau, répondit :

— Je ne sortirai pas que je n'ai vu mon Rédempteur.

On était à l'élévation de l'hostie et Simon était prosterné, les bras levés au ciel.

« — Maintenant, dit-il, Seigneur, laissez aller votre serviteur en paix puisque mes yeux ont vu votre salut.[1] »

Et il ajouta :

— Allons, et, s'il le faut, mourons pour celui qui a daigné mourir pour nous.

Il part, il arrive et voit la mêlée horrible et sanglante, le sol déjà jonché de morts et de blessés.

A sa vue, les courages se raniment dans le camp, l'ennemi recule et il est refoulé, l'épée dans les reins, jusqu'aux fossés de la ville.

Du haut des remparts pleut une grêle de pierres et de flèches sur les croisés.

Simon, atteint mortellement à la tête, tombe, frappe sa

---

(1) Cant. du vieillard Siméon.

poitrine deux fois, remet son âme à Dieu et à la Vierge et expire tandis que cinq flèches viennent se fixer dans son corps.[1]

Ainsi mourut ce héros, illustre par sa lignée, sa valeur et son expérience des armes, doué d'une beauté physique remarquable et de vertus plus remarquables encore.

Son fils aîné, Amaury, lui succédait, mais avec une incapacité qui allait compromettre sa cause et la cause catholique.

Il allait abandonner le siège de Toulouse et laisser l'armée se dissoudre à loisir, tandis que les coalisés hérétiques allaient reprendre de la force et de l'audace et remettre en question tous les avantages remportés jusqu'alors contre l'hérésie, qui ne demandait qu'à renaître de toutes parts.

(1) 26 juin 1218.

IX

LE CRI D'ALARME.

La cause catholique était en péril. De toutes parts, les hérétiques se soulevaient et se coalisaient, réunissant toutes leurs forces pour frapper un dernier coup, et chasser ou écraser Amaury et tous ceux qui soutenaient sa cause.

De tous côtés on voyait se produire de nouvelles horreurs et un redoublement d'audace.

Le baron d'Orange, Guillaume de Beaux, un champion de l'Eglise, venait de périr dans des circonstances lamentables.

Les Avignonnais l'avaient tué par trahison et, après avoir découpé son cadavre en morceaux nombreux, avaient dispersé ces débris, comme pour faire une sanglante insulte aux catholiques.

La mort de Simon de Montfort et le soulèvement des populations, au moment où la paix semblait renaître, étaient de ces coups de vent qui jettent bas des édifices à l'improviste et venaient, en quelques mois, de détruire l'œuvre de cent batailles et de plusieurs années.

Le pape Honorius, effrayé, poussa un cri d'alarme. A tous ceux qui n'avaient pas fait vœu d'aller en Terre-Sainte, il demandait de prendre les armes pour porter secours à Amaury.

Philippe-Auguste entendit la voix pressante du pape et réunit une imposante armée qui devait être entretenue par l'affectation à cette œuvre du vingtième des revenus ecclésiastiques de la France.

Le fils de Philippe-Auguste, Louis, marche contre les hérétiques à la tête de cette brillante armée où figurent nombre d'évêques avec leurs vassaux.

Un instant, les hérétiques, qui ont repris la plupart des places importantes, en sont émus. Louis marche vers Toulouse et on ne lui dispute pas le terrain.

Mais c'est dans cette ville que le gros des troupes coalisées se propose de faire une énergique résistance.

Quarante-cinq jours durant, l'armée française livre des assauts inutiles. Louis se décourage et s'en retourne en France, réduisant cette expédition qui semblait devoir tout conquérir, à une stérile démonstration.

Autour d'Amaury les défections se multiplient et les hostilités redoublent.

C'est surtout dans les contreforts des Pyrénées que la guerre est la plus acharnée.

Les quatre principaux lieutenants de Montfort, le maréchal de la Foi, Gui de Levis, le sénéchal de Simon, Pierre de Voisins, Lambert de Tercy et Gérard de Capendu, tiennent tout le pays depuis la Méditerranée jusqu'au comté de Foix, tout le pays de Montagnes, sauf le Roussillon.

Mais tous ces seigneurs guerroyaient sans unité, chacun pour soi et dans ses propres possessions pour la conservation de leur sol.

En 1221, Conrad de Porto, légat d'Honorius, fonde l'ordre des chevaliers de la Foi, sur le modèle des ordres chevaleresques combattant en Orient, en Espagne et en Livonie contre les infidèles.

Le pape favorise cette création nouvelle, à la condition qu'elle adhérera aux constitutions monastiques d'un ordre religieux approuvé.

Cette chevalerie, née du besoin du temps, durera un demi-siècle et disparaîtra avec le besoin qui l'avait suscitée.

Le pape Honorius écrit lettres sur lettres pour attiser l'ardeur des croisés, exciter les évêques et rappeler tout le monde au devoir de la lutte.

Il adresse les avis les plus sévères aux comtes de Foix et de Comminges, à leurs fils et au fils de Raymond de Toulouse auquel, toutefois, il témoigne plus de bienveillance.

Sur ces entrefaites, la mort enlève le vieux comte de Toulouse, sans qu'il ait été relevé de son excommunication, et la sépulture ecclésiastique lui est refusée.

Son fils, alors, négocie avec le pape pour la paix qu'il veut conclure avec Amaury.

Philippe-Auguste, à son tour, descend au tombeau, et Raymond change d'avis en apprenant la mort du roi de France.

Deux conciles se réunissent, à Paris et à Soissons; la situation paraît encore s'aggraver.

D'autre part, Théodore Comnène, usurpateur du royaume de Thessalonique, en Orient, se fait sacrer par l'archevêque latin de Bulgarie qui, de ce chef, se trouve en révolte envers le Saint-Siège, se fait proclamer antipape et se met à la tête de toutes les hérésies; le clergé et les évêques de Dalmatie et de la Croatie, séduits, se rangent de son côté.

L'antipape, bientôt, se met en rapport avec les Albigeois, sacre l'un d'eux évêque et le nomme son légat dans le Midi de la France, en compagnie d'un autre hérétique, qui reçoit les mêmes charges.

L'Espagne va être atteinte, lorsque Ferdinand, roi de Léon et de Castille, dans un élan d'énergie, allumé de toutes parts des auto-da-fé où périssent par le feu les hérétiques les plus audacieux de son royaume.

Devant ces complications douloureuses, Conrad, légat du pape Honorius, perd courage et reprend le chemin de Rome.

Honorius, au contraire, n'abandonne pas la brèche; il décrète dans toute la France une levée extraordinaire de nouveaux impôts pour la guerre, relève Amaury de son découragement, et lui montre un sauveur dans la personne du roi de France, Louis VIII, successeur de Philippe-Auguste, auquel il fait un pressant appel.

Le pape espérait qu'une nouvelle démonstration armée suffirait à ramener Raymond VII à l'obéissance au Saint-Siège.

En effet, Raymond VII s'effraye et demande la paix par l'entremise de l'évêque de Maguelone.

A cet effet, l'archevêque de Narbonne assemble au mois d'août 1224, un concile à Montpellier; Raymond et ses barons y viennent et font serment d'observer une entière soumission envers le pape, de rétablir le clergé dans tous ses biens, de lui payer une indemnité de quinze mille marcs avant trois ans, de faire bonne justice des hérétiques convaincus et d'extirper l'hérésie de sa province, par tous les moyens.

Mais il ne devait, pas plus que son père, tenir ses serments ni ses promesses.

La guerre s'allume entre la France et l'Angleterre, et Raymond VII en profite pour fomenter secrètement de nouvelles hostilités Albigeoises.

Le pape Honorius, devant ces nouvelles complications et ces nouveaux périls, menace Raymond de l'anathème et envoie un légat, habile diplomate, le cardinal Romain de Saint-Ange, pour obtenir une trêve entre les rois de France et d'Angleterre, afin que Louis VIII tourne toutes ses forces contre les Albigeois.

Simon, atteint mortellement à la tête,
remet son âme à Dieu et à la Vierge. (P. 155.)

A cet effet, un concile s'assemble à Melun en l'an 1225, huit jours après la fête de la Toussaint.

On y pose la double question de la paix avec l'Angleterre et de la croisade contre les Albigeois.

Mais on ne peut rien y résoudre.

Un autre concile s'assemble bientôt après à Béziers, pour le même objet, sans plus de résultat.

Enfin, un troisième concile s'assemble à Paris, le 27 janvier 1226, toujours dans le même but.

On y attribue à Louis VIII, pour cinq ans, sur la proposition du légat, la dîme de tous les revenus ecclésiastiques dépendant de sa juridiction comme légat, et, de leur côté, Amaury de Montfort et son oncle Gui cèdent à Louis VIII leurs droits sur le comté de Toulouse, et le concile excommunie Raymond VII.

Cette fois, le roi de France, dont les intérêts se trouvent ainsi mis en jeu, prend la croix et promet au légat de se trouver à Béziers avec son armée dans les trente jours qui suivront Pâques.

Le légat Romain de Saint-Ange croise de ses mains le roi de France et un grand nombre de prélats et de barons qui se déclarent prêts à le suivre.

Le pape Honorius, informé, prend toutes sortes de mesures pour assurer moralement le succès de cette croisade et en aplanir les difficultés.

Il met en dehors des représailles certaines régions hérétiques sur lesquelles l'empereur, le roi d'Aragon et d'Angleterre pouvaient revendiquer des droits, et d'autre part, s'efforce d'isoler Raymond VII de tout secours étranger.

Louis VIII se met en marche au printemps avec une puissante armée, prenant la direction de Lyon, à travers les plaines plus accessibles aux chariots de guerre et, d'autre part, pour utiliser le cours du Rhône pour ses transports.

De toutes parts, dans les domaines de Raymond, les

villes et les bourgs reçoivent le roi de France comme un triomphateur.

Les magistrats et les principaux citoyens de chaque place accourent d'eux-mêmes au-devant de lui, lui remettent les clefs de leurs cités et lui offrent tous les otages qu'il peut désirer.

C'est ainsi que Louis VIII s'avance vers Avignon, la ville dont on pouvait le moins espérer la soumission et qui, cependant, avait promis de lui ouvrir ses portes.

C'était là que le roi et le légat, après avoir passé le Rhône, se proposaient de célébrer la fête de la Pentecôte.

Mais quand Louis VIII arriva devant la ville, il en trouva les portes fermées. Les Avignonnais avaient eu peur et refusaient l'entrée de leur cité.

On parlementa.

— Nous ne voulons pas recevoir toute cette armée dans nos murs, répondirent-ils, mais nous offrons cependant au roi de lui ouvrir nos portes, s'il consent à n'entrer dans notre ville qu'avec une suite peu nombreuse.

Louis VIII, indigné, répondit en mettant le siège devant la cité, dont les habitants durent songer à organiser sérieusement la défense.

Pendant ce temps-là, le roi et le légat envoyaient vers Toulouse l'archevêque de Narbonne, Pierre d'Amélée, pour prêcher la paix et inviter les peuples à la préférer à la guerre.

L'archevêque marcha de succès en succès, et, de toutes parts, les populations déclaraient se soumettre au roi de France.

Les habitants de Carcassonne même, sans attendre la venue de Louis VIII, allèrent jusque dans son camp lui offrir les clefs de la ville.

Le comte de Foix lui même, voyant ce qui se passait, offrit et demanda la paix.

On la lui refusa. Il était bien évident, en effet, que toutes ces soumissions spontanées n'étaient que temporaires et sans autre valeur ni portée que la nécessité du moment. Devant les forces imposantes que le roi de France mettait en campagne, la résistance eut été inutile. Mieux valait attendre un temps plus favorable et moins dangereux. Les triomphateurs ne pouvaient s'y tromper.

Cependant le siège d'Avignon dura trois mois, après lesquels les assiégés, épuisés, se rendirent et virent raser leurs murailles et démanteler leurs tours.

Louis VIII se hâta de se diriger vers Béziers et Carcassonne, allant même jusqu'à Pamiers, accompagné du légat et de l'évêque de Toulouse.

Toute la Narbonnaise se soumettait à l'envi et l'armée royale était devenue maîtresse de toutes les places jusqu'à quatre lieues autour de Toulouse.

On était à l'automne. Le roi Louis VIII remit le commandement de son armée et de la croisade à Humbert de Beaujeu et, en compagnie du légat, prit le chemin de l'Auvergne, avec l'intention de revenir se mettre de nouveau à la tête de son armée dès que le printemps reviendrait.

Mais Louis VIII ne devait pas revenir. Une maladie incurable qui sommeillait en lui depuis longtemps le força à s'aliter à Montpensier, où il expira dans les premiers jours de novembre de l'an 1226, après trois ans de règne, laissant son trône, sous la régence d'une femme de tête, à un enfant de douze ans, qui allait être Louis IX.

Le jeune roi fut sacré à Reims, le premier dimanche de l'Avent de cette même année 1226.

Deux ans après, le pape Grégoire IX, qui venait de succéder à Honorius, descendu, lui aussi, dans la tombe, pressait vivement la reine Blanche et son jeune fils, de couronner et de terminer l'entreprise glorieuse de Louis VIII contre les hérétiques Albigeois.

C'était encore le cardinal Romain de Saint-Ange qui, à

cause de la popularité dont il avait su s'entourer pendant sa mission, était de nouveau investi par Grégoire IX, de la charge de légat avec les pouvoirs les plus étendus.

Envoyé par lui, l'abbé de Grand'Selve, Elie, partit pour la région de Toulouse préparer et offrir la paix définitive, montrant, d'autre part, le nouveau roi de France prêt à lever de nouveau une formidable armée.

Les Toulousains, à ces nouvelles, consentirent à entamer des négociations et des pourparlers pour discuter les conditions de leur soumission définitive au Saint-Siège.

La paix allait s'étendre enfin, peut-être, sur ces champs de divisions et de désastres.

X

LES DERNIÈRES CONVULSIONS.

Deux nouveaux conciles s'étaient assemblés, l'un réuni par le légat à Soissons, à la Noël de l'an 1226, et un autre à Senlis, le jour de la Purification, en l'année 1228, mais inutilement encore.

Elie de Grand'Selve, cependant, s'abouchait avec Raymond VII et les principaux bourgeois de Toulouse, qui lui donnèrent pleins pouvoirs pour traiter en leur nom de la paix et des conditions de leur réconciliation, devant un congrès qui allait se tenir à Meaux au mois de Janvier de l'an 1229.

Les remparts de Toulouse et de vingt-neuf autres places fortes devaient être abattus et le comte Raymond devait payer une amende de vingt-sept mille marcs d'argent.

Telles étaient deux des clauses du traité proposé. Il y en avait d'autres non moins importantes.

Raymond renonçait à porter jamais les armes contre le roi de France, et devait, s'il manquait à sa parole, se soumettre à un exil de cinq ans en Terre Sainte. De plus, il abandonnait à la couronne de France et à l'Eglise, toutes les terres et les villes de son comté situées en dehors du diocèse de Toulouse jusqu'au Rhône et au-delà.

Le comté de Toulouse était ainsi réduit au seul diocèse de cette ville et Raymond n'en gardait la possession que sa vie durant, sans que pussent aucunement y prétendre, sous aucun prétexte héréditaire, nuls héritiers de lui-même ou de sa fille unique Jeanne, à moins que celle-ci n'épousât le frère du roi.

Ainsi le comté de Toulouse était par avance destiné, d'après ce traité, à être réuni bientôt à la couronne de France.

Raymond accepta ces clauses par l'intermédiaire de l'abbé de Saint-Selves qui écrivit au pape pour lui en exposer le rapport et ajouta :

« Toutes ces choses, nous les avons promises et jurées solennellement devant les portes de l'église de Paris, en présence du seigneur Romain, par la grâce de Dieu, cardinal-diacre de Saint-Ange et légat du Saint-Siège apostolique, du roi et de nos vénérables pères, le seigneur Othon, cardinal-diacre de Saint-Nicolas, légat du Saint-Siège pour le Dane-mark, les archevêques de Sens et de Narbonne et les évêques de Paris, d'Autun, de Maguelonne, de Nîmes et de Toulouse. »

En effet, le jour de Pâques de l'an 1229, Raymond VII et ceux qui, avec lui, étaient sous le coup de l'excommuni-cation, avaient subi la cérémonie de la réconciliation.

Pieds nus et vêtus seulement d'un haut-de-chausses et d'une chemise, ils avaient été conduits à l'autel et récon-ciliés solennellement par les deux cardinaux-légats de France et d'Angleterre.

Pendant qu'un édit royal sévère était promulgué dans les diocèses de Narbonne, d'Arles, de Rodez, d'Albi, de Cahors et d'Agen pour la répression rigoureuse de l'hérésie, Raymond restait sous bonne garde au pouvoir du roi en attendant que les forteresses fussent rasées ou remises aux gouverneurs royaux, et que sa fille Jeanne fut mariée au comte Alphonse de Poitiers, frère de Louis IX.

Quand ces choses furent accomplis, Raymond fut remis en liberté, mais dut partir avec le légat et l'armée qui allait appuyer l'œuvre de la pacification.

Un nouveau concile fut réuni alors à Toulouse pour promulguer dans le Midi le nouvel état de choses.

Le comte de Foix lui-même dut faire sa soumission définitive et fut réconcilié, lui aussi, avec l'Eglise.

Ainsi, la lutte qui s'était prolongée si longtemps, autour de la question religieuse, à cause du trouble profond apporté dans les possessions territoriales des seigneurs féodaux, cessa devant le droit du plus fort, le roi de France, qui avait mis ses armées en campagne, dès qu'il s'était agi pour lui d'augmenter les domaines et les apanages de sa couronne.

A cette époque, mourut l'évêque Foulques de Toulouse, qui avait joué un rôle si prépondérant dans cette guerre. Il appartenait à l'Ordre de Citeaux et fut enseveli sous l'habit monastique dans le monastère de Grand'Selve.

Maintenant, l'œuvre des armes était terminée ; cependant l'hérésie ne s'éteindra pas, privée de ses chefs, désormais sans puissance, elle essaiera de renouer ses tronçons épars, un peu partout. A la lutte ouverte succédera une lutte secrète et obscure.

Le Midi est désormais un sol trop brûlant pour les hérétiques. Ils émigrent jusque dans le Nivernais et viennent se concentrer en secret foyer dans le bourg de La-Charité-sur-Loire où ils rassemblent les fils désordonnés de leurs complots.

Grégoire IX, informé, invite les évêques de Bourges et d'Autun à démasquer ces nouvelles conjurations et à chasser de cet asile les ennemis de la foi catholique.

Désormais, la lutte contre eux va prendre une autre forme, la forme juridique après la forme guerrière.

L'Inquisition va trouver là ses origines logiques et naturelles et elle s'exercera pour préserver, à la fois, l'Eglise et l'Etat, de nouveaux troubles.

Ce sera un double crime d'être hérétique, non seulement parce que ce crime lèsera l'autorité spirituelle de l'Eglise, par la foi orthodoxe, mais encore parce que le pouvoir civil verra un danger pour sa sécurité dans chacun des réveils possibles de l'erreur.

Le Midi était désormais pacifié et un nouveau concile, assemblé à Béziers en 1233, par le légat Gauthier, évêque de Tournon, achève l'œuvre du précédent légat, Romain de Saint-Ange.

Une inquisition sévère était exercée contre les fauteurs d'hérésie par Etienne de Cluny et le dominicain Robert.

Cependant, on constatait que le mal s'était déplacé et fermentait maintenant dans le Nivernais d'une façon assez inquiétante pour faire craindre un réveil prochain et une explosion nouvelle.

Des émigrés méridionaux, qui voyageaient sous prétexte de négoce ou pour toute autre raison apparente, convergeaient vers le bourg de la Charité-sur-Loire, et même on soupçonnait Raymond VII d'entretenir secrètement de nouvelles intelligences avec eux.

Aussi le pape Grégoire écrivit-il au roi de France Louis IX pour l'avertir de prendre garde à ces menées ténébreuses qui, disait-on, séduisaient jusqu'à des membres de son entourage.

Raymond fut sommé de rentrer dans le devoir, et, comme on lui laissait espérer que, peut-être, il rentrerait en possession de quelques-uns des biens paternels, l'intérêt l'emporta en lui sur la rancune et il parut empressé d'obéir.

Raymond VII, alors, tint en 1234 une assemblée des princes et des évêques, pour promulguer contre les hérétiques les lois les plus rigoureuses.

Nul ne pouvait quitter le lieu de sa résidence ordinaire sans raisons plausibles et permission, sous peine de perdre ses biens.

La même peine frappait tous les hérétiques qui, ayant fait leur soumission à l'Eglise, ne faisaient pas profession publique de catholicisme, soit par écrit ou devant témoins, soit en prenant la croix.

On alla même jusqu'à donner au fisc les biens aliénés, vendus ou hypothéqués et dont les anciens tenanciers étaient devenus hérétiques.

Empêcher par quelque moyen que ce fut les inquisiteurs de rechercher les hérétiques ou favoriser la fuite à ceux-ci entraînait les mêmes peines qui frappaient encore ceux qui refusaient de prêter main-forte à l'inquisition.

Les demeures des hérétiques reconnus devaient être rasées.

Dans toute ville, bourg ou village où seraient trouvés des hérétiques, les habitants devaient être condamnés à payer un marc d'amende par hérétique découvert.

Toute cabane isolée, caverne ou autre lieu propre à abriter clandestinement des hérétiques ou des pratiques d'hérésie étaient vouées à la destruction.

Telles étaient les dispositions rigoureuses que Raymond promulgua dans le pays de Toulouse, et les sentiments du roi s'adoucirent de ce chef à son égard.

Le légat dans le Midi était alors l'archevêque de Vienne, qui fit instruire le procès de l'évêque d'Orange violemment soupçonné d'hérésie.[1]

En même temps, pour récompenser Raymond VII, on s'occupa de lui rendre quelques-uns des biens paternels situés au-delà du Rhône, et on ouvrit une enquête dans le but de réhabiliter la mémoire de son père au cas où on pourrait présumer qu'en mourant il aurait donné quelque signe de repentir et de sentiments chrétiens, et bientôt, on donna à ses restes la sépulture ecclésiastique qui leur avait été refusée lors de sa mort.

(1) Grégoire IX. Lettres VI. VII et VIII *passim*

Enfin Louis IX, en épousant Marguerite de Provence, et son frère Charles, en épousant Béatrix, sœur de Marguerite, ajoutèrent aux heureuses conséquences du traité de Meaux, augmentèrent l'influence de la couronne de France dans le Midi et aidèrent au triomphe définitif de l'Eglise.

Le roi Jacques d'Aragon, inquiet de ces mariages, prit les armes pour défendre ses provinces du Haut-Razès et de Carcassez, mais le père de Marguerite et de Béatrix de Provence, Raymond Béranger, résolut pacifiquement le conflit.

Amaury, fils de Simon de Montfort, se vit enlever tous ses domaines par leur ancien seigneur, Raymond Roger, dans la personne de son jeune fils, Raymond Trencavel, qui lui succédait et mit huit ans à refaire cette conquête, après laquelle Amaury, vaincu et humilié, se retira à la cour de France, où il céda encore au roi ses droits sur le Languedoc.

Raymond Trencavel, de son côté, poussa la lutte contre Louis IX, en se donnant le titre de vicomte de Béziers, de Carcassonne, de Razès et d'Albi, mais il dut bientôt se soumettre comme le comte de Foix et Raymond VII, et ses domaines furent réunis à la couronne de France.

Quelques seigneurs faisaient encore la guerre de partisans dans le Midi, du côté des montagnes, et longtemps cette région resta agitée.

La clef du pays était la forteresse de Quéribus, située au pied des Pyrénées, mais elle fut prise par Pierre d'Auteuil, sénéchal de Carcassonne et, par le traité de Corbeil, en 1258, le roi Louis IX, ayant reçu cession du roi d'Aragon de tous ses droits sur les territoires situés au nord des Pyrénées, sauf le comté de Roussillon, l'hérésie et la révolte albigeoise ne furent plus qu'un souvenir.[1]

Ainsi finit cette tragique épopée.

(1) Bibliograph. générale : Bareille, *Hist. de l'Eglise.*

CONCLUSION.

Ne jamais juger les autres par soi-même, les anciens par les modernes, ni un siècle avec les idées d'un autre siècle, c'est une règle de sagesse.

Les grands maux de l'histoire sont de grands maux, et voilà tout ; et les guerres religieuses sont les plus grands des maux, plus grands même que les simples guerres civiles.

Mais la guerre est la guerre, et ses lois sont, partout, atroces et implacables.

La guerre est un phénomène qui se produit à certaines périodes de la vie des peuples, lorsque les forces doivent être déplacées et elle est un des accidents, souvent inévitables, des grands mouvements de leur histoire.

Ici, elle a remué tout un pays et lui a infusé des forces entièrement neuves, dont il se ressentira encore après sept siècles qui n'auront pas épuisé la prospérité nouvelle surgie de ses ruines.

Il est injuste de ne voir qu'un des aspects de la question et de refuser, comme on le fait trop, de constater que l'Eglise et la Société, au Moyen-Age, était étroitement unies et, vivant de la même vie, cette guerre a eu une portée tout aussi sociale que religieuse.

La religion seule n'était pas menacée, répétons-le, la société l'était aussi, et n'oublions pas non plus, qu'à cette époque, se faisait un grand travail qui ne sera guère achevé que par Louis XI, la destruction lente du monde féodal, dont les usages et les abus pesaient d'un poids si lourd et si tyrannique sur la marche de l'Europe vers la civilisation complète et, en particulier, sur les efforts de la France à constituer son unité nationale.

La guerre Albigeoise a contribué à fortifier la royauté française et aidé le mouvement progressif qui, peu à peu, va réunir les grands et les petits fiefs à la Couronne.

Sans doute, les pages de l'histoire pleurent et pleureront des larmes de sang, et, sur sa vaste scène, l'horreur passera dans le sillage même de l'héroïsme.

Les grands maux appellent toujours les grands remèdes, et ceux-ci sont souvent aussi affreux que le mal qui les a engendrés.

C'est ainsi que l'Inquisition, dont nous voyons ici les débuts et le rôle nécessaire lorsqu'elle parut, fut un remède excessif, parce que le mal sur lequel elle devait être appliquée était lui-même excessif.

Nous serons appelés à la rencontrer de nouveau au cours de cette histoire, et nous ne craindrons pas d'en parler, malgré les malédictions qui font, dans la pensée moderne, de cette institution, le bouc émissaire de tous ceux qui chantent les gloires douteuses de la libre-pensée, qu'ils confondent trop souvent avec la pensée libre.

Nous ne cacherons pas ses sombres côtés, mais nous trouverons peut-être que cette institution a contribué, elle aussi, à faire quelque bien et, quoiqu'on en dise, à adoucir les mœurs judiciaires qui restèrent si longtemps atroces, tout en ayant elle-même des forces souvent répugnantes à nos sens modernes affinés.

Ainsi, nous ne rendrons jamais les principes solidaires des excès des hommes qui les mettent en action avec les idées, les mœurs, les usages, le tempérament de leur époque.

Car, ce que nous avons toujours dit, nous le répéterons

toujours : Quelles que soient les actions des hommes qui agissent pour l'Eglise, au cours des siècles, quelques erreurs même qu'ils aient pu ou puissent commettre, quelque responsables même qu'ils puissent en être devant le tribunal humain de l'Histoire et celui de la postérité, Celui qui règne dans les Cieux et dont la Providence mène le monde vers l'Eternité, à travers toutes les vicissitudes du temps, saura faire le juste départ des choses.

Si la face de l'Eglise voit passer devant elle tant de troubles, et si son vaisseau subit tant d'orages, ni sa face n'en est ternie, ni son vaisseau n'en est endommagé.

Le miracle de l'Eglise, c'est qu'elle demeure au milieu de ces tempêtes où tant d'institutions humaines ont sombré.

La Vérité de l'Eglise, c'est qu'elle est nécessaire; et voilà pourquoi elle reste et pourquoi cette parole du Christ n'est point démentie et ne le sera pas : « Les portes même de l'Enfer ne prévaudront point contre Elle. »

TABLE DES MATIÈRES.

Et. Casterman, Tournai. 1527